じっくり見極めパッととる

やさしいおむつはずれ

ほあし子どものこころクリニック院長　帆足英一

はじめに

おむつはずれが育児のひとつの大きなハードルとなってしまったのは、子どもの発達に関係なく、早くはずそうと、あせって無理なトレーニングをしたため、子どもが混乱してしまったのです。思うようにおまるやトイレでおしっこをしてくれないと、お母さんもしかってしまいます。しかられればしかられるほど、こじれてしまったのです。

世界には、おむつを使っていない民族もあります。その場合は、子どもは自然におしっこすべきところでおしっこをしていきます。私たちは、おしっこやうんちといった排泄物で、衣類や寝具を汚されたくないということで、おむつをつけてしまいました。そのために、かえって自立が複雑化してしまったともいえます。

本書のタイトルを「トイレット・トレーニング」ではなく「おむつはずれ」にしたのは、無理なトレーニングによっておむつをはずすのではなく、子どもの発達の流れのなかで、おむつが自然にはずれていく、つまり自立していくことを願ったためです。親子ともども、にこにこしながらおむつがはずれていくことを本書はめざしています。

気持ちを楽にして、肩の力を抜いて、子どもの発達に寄り添って歩んでいけば、楽しくスムーズにおむつはずれができるのです。

本書では、筆者による長年の研究と、さまざまなご相談を通しての経験を、楽しくおむつはずれができるノウハウとしてまとめました。

おむつはずれに対して、お母さんたちにもっと肩の力を抜いてもらいたい。

――そんな願いをこめて、この本を贈ります。

帆足英一

平成21年3月

Contents

Contents

第1章

おむつはずれ その前に

おむつはずれを始めようと決意したものの、
いつから？ どうやって？ と不安いっぱいのお母さんたちへ。
まず知っておきたいことをまとめました。

「おむつはずれ」ってなあに？

赤ちゃんは生まれたときから おしっこ・うんちができています

「おむつはずれ」というと、おむつをはずすためのしつけ、と考えていませんか？ まずは、「おむつはずれ」の意味について考えてみましょう。

そもそも、赤ちゃんがなぜおむつをつけているのかというと、赤ちゃんはトイレでおしっこやうんちができませんよね。だから、衣類やふとんなどを汚されないためにつけているもの、それが「おむつ」なんですね。

子どもはもともと、おしっこもうんちも、誰に教えられることもなく、自分でできますよね。生まれながらに排泄は自立しているのです。

ただ、おしっこやうんちは自分でできるけれど、それをおむつやパンツなどの衣類の中でするのか、それともトイレやおまるに行って、そこでするのか…、それはわかっていないのです。もともと、赤ちゃんのときから自立しているのに、私たちがおむつで隠してしまったのですね。おむつはずれのポイントは、おしっこ・うんちをする場所は「おまるやトイレ」であることを理解して、そこで排泄することだけなのです。

何のためにおむつをさせたかといえば、「ぬらされたくない」「汚されたくない」という大人の都合。そもそも、おむつはずれは、子どもの発達や自立を促すためのものではありません。言ってみれば私たちは、文明社会に生きる自分たちの都合でつけたおむつをはずすために、あらためて苦労しているとも考えられるのですね。

もともと生まれながらにして排泄できている子どもが、尿や便がたまった不快な状態から、排泄によって快適な状態にすることを生理的に知っていることを冷静に考えると、おむつはずれのステップは、トイレやおまるでおしっこやうんちができるように、ちょっとした道筋をつけてあげること。それが「おむつはずれ」なんだということがわかってきます。おしっこやうんちは、おまるやトイレでするものなんだよ、という道をつけてあげるだけ。そう考えると、ずいぶん楽になるのではないでしょうか。

おむつは、はずすものではなく、自然にはずれていくもの。「おむつはずれ」への道筋は、トレーニングといった意気ごんでするものとは違って、もっと気楽なものなのです。

この「おむつはずれ」を気楽に進めていくコツを、これからいっしょに考えていきましょう。

おむつは「とる」のではなく「自然にとれる」もの

お母さんがキリキリしてもはずれません

『そろそろ時期がきたから』『本・テレビを見て』『まわりが始めたから』『上の子はこの時期だったから』……。

お母さんたちがおむつはずれを始めようと決意したきっかけはさまざまです。「同じ年の○○ちゃんはもうはずれたって！」なんて、まわりのことも気になって、うちの子も早くとらなくちゃ！とあせっているお母さんも少なくありません。

思うようにおまるやトイレでしてくれないと、意気ごむあまり、ついイライラしてしかりたくなってしまいますね。でも、お母さんがキリキリしたって、おむつが早くはずれることはありません。むしろ、せっかくはぐくんできたおしっこ・うんちの自立を逆戻りさせてしまいます。

子どもにとって、おむつをはずすことの意味を

考えてみてください。いつも温かいおむつのなかにそのまま、ジャーッと気持ちよくおしっこをしていたのに、おむつをはずしたらおなかはスースーしますよね。それだけでも、かなり衝撃的なことなのです。そのうえ、失敗してお母さんにしかられるのなら、子どもにとっては、おむつをはずしておしっこをすることは「いやなこと」以外の何物でもありません。

排泄というのは、尿や便が膀胱や大腸にたまって生理的に不快な状態から、排泄することによって快適な状態にしていくためのもの。おむつはずれの歩みは、この排尿や排便を助け、快適な感覚を育てていくものです。「また失敗して!」とか、「さっき行かなかったからでしょ!」などとしかったら、元来は不快な状態から快適な状態になるはずの排泄が、不快な状態から大変不快な状態になってしまいます。

おむつは「とる」ものではなく、その時期がくれば「自然にとれる」もの。同じ月齢のお友達のとれた時期や、上の子のときはこの時期だったからそろそろ、なんていうことも、まったく関係ありません。その子なりの発達の歩みがあるので、意気ごまないで、自然にとれるから気にしない!

そんなふうに考えてみてはいかが?

ゴールは、自分からトイレへ

「排泄」は何のため？

子どもの成長を見極めて、いろいろな条件を考え合わせたうえで、おむつはずれをスタートする時期を決めます。まず、おしっこの間隔をはかって、たくさん膀胱に尿がたまっていると思われるときにトイレやおまるへ連れていきます。でも、おまるやトイレでおしっこができるのは、最初のうちは偶然の出来事。偶然が何回か重なって、誘導されておしっこをする流れがわかってくるのです。だから、時間を決めて尿がたまっていないときに誘っても意味はありません。

さて、排泄は何のためにするのでしょうか。

おしっこやうんちは、消化吸収のプロセスを経て、最後に残った老廃物です。そういうものが体内にたまっている状態から、老廃物を尿や便として排泄して快適な状態にしようとすること、これが排泄の目的です。不快な状態から、快適な状態にするための生理的な働きだということをまず理

解してください。

おむつはずれは、生理的に不快な状態から快適な状態にしていくために、排泄を助け、快適な感覚を育てていくもの。こうして考えると、なぜかとても難しいようなイメージがあるおむつはずれは、非常に単純なことなのです。育児の一般的なイメージとして、離乳食のステップは大変だろうと思うのですが、その次の、とても大きなハードルがこのおむつはずれなのですね。

成功や失敗を繰り返しながら、そのうちに必ず、自分からトイレに行くようになります。もともと排泄することは知っているので、時期をみながら、ちょっとおしっこやうんちをする場所だけを教えればよいのですから、長い目であせらず見守ってあげましょう。

子どもの発達を見極めて

大人はトイレでおしっこができます。それと同じように、子どもがトイレやおまるでおしっこ・うんちができるようになることは、人間としてとても自然なこと。けっして、お母さんが必死になって教えこんだからできるようになるものではありません。

まわりの大人にできるのは、子どもの生まれもった発達の力を見守り、それが十分出しきれるように、ほんの少しお手伝いをしてあげることだけなのです。

ですから、これからおむつはずれを始めようとしているときには、あまり意気ごみすぎないようにしてください。お母さんが意気ごむほど子どもは緊張して、もともと自然な行動であるおしっこやうんちがスムーズにできなくなってしまいます。

おむつはずれの主役は、あくまでも『子ども』。子どもの発達のペースに合わせて進めていくことが第一のポイントです。

からだの機能——おしっこのメカニズム

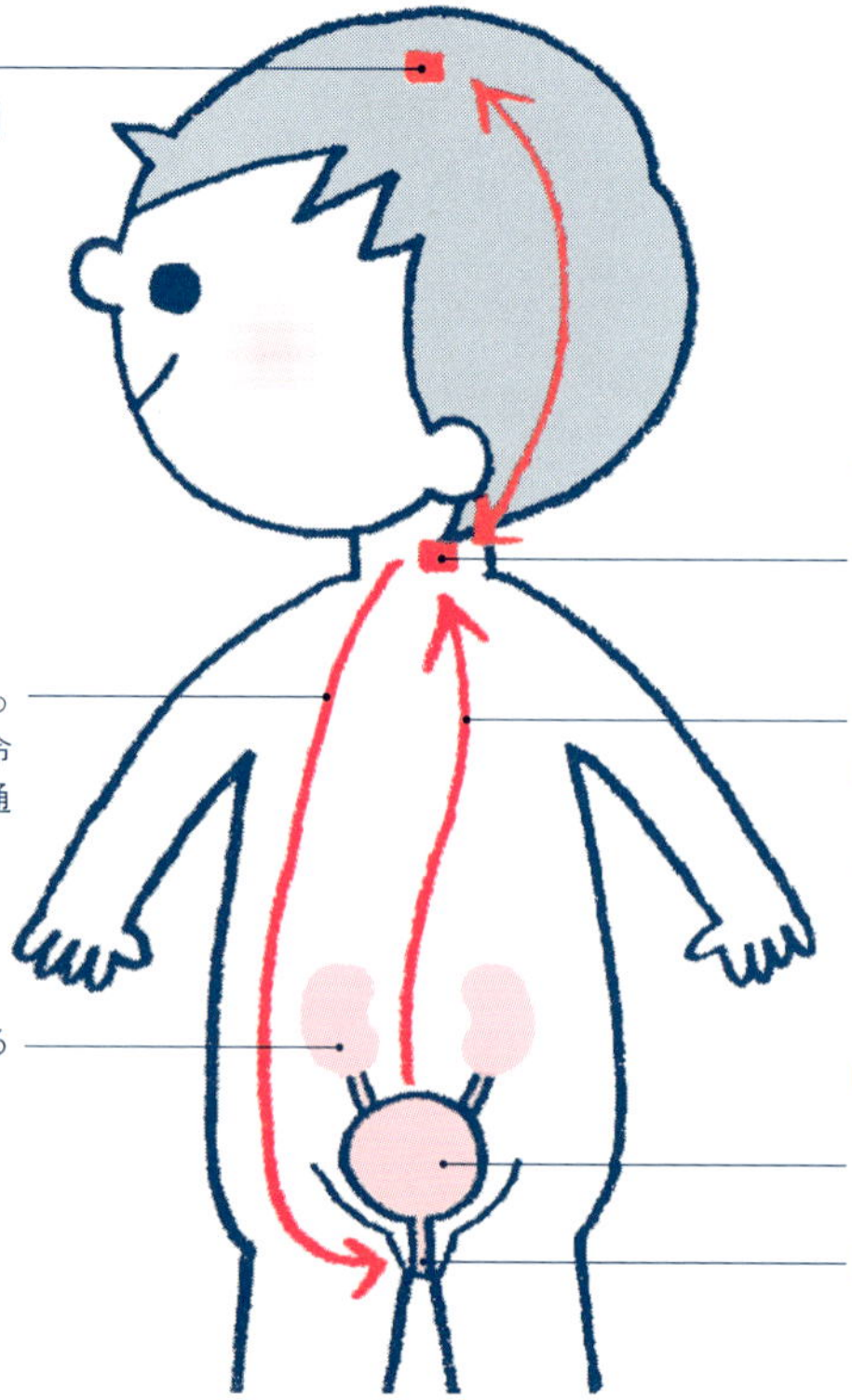

おしっこの発達

おむつはずれを考える前に、まずはおしっこの出るしくみを見てみましょう。

おしっこは腎臓で作られ、膀胱に送りこまれます。膀胱でおしっこがたくわえられるのですが、あふれそうになると「膀胱におしっこがたまったよ！」という情報が、背中の脊髄神経を通って、まず、脳の入り口にある延髄というところまで伝わります。さらに大脳にまで届いて、そこではじめて『おしっこしたいな』という尿意を感じるのです。尿意を感じることによって、私たちはガマンをしたり、大急ぎでトイレに行ったりするわけですね。『おしっこしたいな』と感じるには、こういった神経が発達することが必要なのです。

それでは、おしっこの発達のようすを順を追ってみてみましょう。月齢が入っていますが、もちろん個人差があります。あくまでも目安としてみてください。

0〜6カ月ごろ

たまるとすぐにおしっこ

膀胱におしっこがたまると反射的に出るころ。おむつはしょっちゅうぬれています。

生まれたての赤ちゃんは、尿意を感じる大脳皮質がまだまったく整っていません。だから、「おしっこをしたい」とか「たまった」といった尿意を感じることはできません。したがってガマンすることもできないのです。そのため、「おしっこがたまった」という情報が延髄に伝わるとそのまま、反射的におしっこをしてしまいます。

赤ちゃんのころはまだ、膀胱も小さく、おしっこはかなりひんぱんにします。1日に平均15〜20回(1回の尿量でいうと20〜70㎖)と、大人にくらべて、かなり多い回数です。小さな赤ちゃんの場合、腎臓の働きが未熟なので、濃いおしっこを作ることができず、からだの中の老廃物をおしっことといっしょに外に出すには、うすいおしっこを何度も出さなければならないのです。

お母さんとしては、一日じゅうおむつをかえているような気がするかもしれませんが、赤ちゃんのからだのしくみからいうとしかたのないとき。大変かもしれませんが、ぬれていたら、そのたびにかえてあげてください。

6カ月〜1歳半ころ

無意識に膀胱にためはじめる

膀胱の容量が少し大きくなって、ある程度おしっこがためられるように。でもまだ、赤ちゃん自身に尿意はありません。

反射的におしっこをしていた赤ちゃんも、おすわりが思うようにできるようになると、しだいに少しずつ、無意識のうちにおしっこをガマンできるようになっていきます。延髄での反射に、抑制機能が働くようになるからです。このころになると、おしっこの前にぐずり泣きをする赤ちゃんがいます。大脳皮質がしだいに整い、赤ちゃんも漠然とですが、膀胱におしっこがたまった不快感を感じるようになってきたわけです。また、反対に、おしっこが出たあとに泣く赤ちゃんも出てきます。こうした反応によって、お母さんは赤ちゃんのおしっこのリズムをつかむ練習をすることができますね。

1歳〜1歳半になって、ひとりでよちよち歩けるようになると、大脳皮質も左半球・右半球ともに、かなり発達してきます。いろいろな情報を適切に処理できる準備が整ってきたことを意味します。膀胱におしっこがたまった感じは、漠然とですが、だんだんとわかるようになります。でもまだこのころには、これが「おしっこしたい」という感じなのだな、ということまではわかりません。

まれに、「7ヵ月くらいのときにおまるに座らせたら、おしっこをするようになった」ということがありますが、それは単なる条件反射。時間を見計らっておまるに座らせられた赤ちゃんが、たまたま反射的におしっこをしているだけで、けっして「おしっこをしたい」ということをわかって排尿しているわけではありません。

1歳〜2歳半ころ

おしっこの間隔が長くなる尿意を感じはじめる

膀胱がぐんと大きくなり、無意識のうちにガマンできるように。たまった感じも漠然とわかるようになります。

ひとりで上手に歩けるようになったということは、さらに大脳皮質が整ったということ。ここまできて、ようやくおしっこがわかる準備ができてきた、ということになります。

まず最初に、おしっこがほとばしり出る放尿感などの生理的感覚（チー出る感覚）を感じるようになります。そして、そのおしっこを目で見て確認する視覚的認知（チー見る感覚）と、お母さんが「チー出たね！」と声をかけることにより、これが「おしっこ」なんだという聴覚的認知（チー聞く感覚）を何回か繰り返すことで、おしっこをすることを学んでいくわけです。今まで無意識のうちに出ていたおしっこが、自分の意思でするおしっこになっていくのです。

この3つの感覚（チー出る・チー見る・チー聞く）をはぐくむ過程。これこそが、おむつはずれのキーポイントなのです。

2歳〜3歳ころ

自分でおまるやトイレに行けるようになる

でも、あと戻りすることも少なくない時期。お母さん、あせらないで。

このころになると、お母さんが促さなくても尿意を感じて、自分からトイレやおまるへ行っておしっこを出すことができるようになります。このようなときには、大げさに喜んでほめてあげることが大切です。お母さんは、それまでのように定期的に誘うことを控えて、子どもが自分から「チー」「おしっこ」と教えてくるのを待つようにしましょう。

誘導すれば失敗しないけれど、なかなか自分から教えてくれないときには、誘うタイミングを少し遅らせます。そしていつもよりたくさんおしっこがたまったと思われるときに、「チーは？」と聞いてください。そのうえで誘ってみましょう。

この時期には、一度できたとしても、またあと戻りすることも少なくありません。急に寒くなったり、下のお子さんが生まれたり、緊張しすぎたり、遊びに熱中したり、テレビに夢中になっているときなどに、あと戻りがよくみられます。この

とき、つい強くしかったりすると、全然教えてくれなくなってしまうこともあります。場合によっては、もう一度おむつに戻してあげることもあるかもしれません。

まにあわずに失敗しても、しからずに気持ちよくおむつやパンツにかえてあげることがポイントです。あせらないことが大切です。一度できるようになっていれば、また、すぐにできるようになるはずです。一進一退をくり返し、行きつ戻りつしながら自立していくのです。

心の発達——赤ちゃんから幼児へ

ママへの甘えが強い時期

おむつはずれをスタートする子どもの月齢は、おおまかにいって1歳6ヵ月から2歳6ヵ月くらいの場合が多いと思います。このころは、ちょうど赤ちゃんから幼児へと脱皮していく時期。

日々の子育てのなかで、赤ちゃんに声がけをしたり、赤ちゃんからの要求にやさしくこたえ、抱いてあげたり——そんな甘える経験を積み重ねていくと、赤ちゃんはしだいに母親との愛着関係（アタッチメントともいいます）がはぐくまれていきます。

人みしり

生後7～8ヵ月になると、母親とその他の大人との区別がついてきて、これまで慣れ親しんできた近所のおばちゃんに対して「人みしり」を示しはじめます。母親との愛着関係が芽生えると、一時的に慣れ親しんでいたおばちゃんが見知らぬ人

（ストレンジャー）に変わってしまうのです。おばちゃんが「〇〇ちゃんこんにちは、ずいぶん大きくなったわねぇ」と言いながら母親に抱かれた赤ちゃんに手をさしのべて抱こうとすると、母親にしがみついて大泣きするのが「人みしり」です。

この人みしりがみられる時期は、母親とのかかわりの濃淡や、保育所にあずけているかいないかでずいぶん違ってきます。赤ちゃんとのかかわりによっては、人みしりが軽かったり、11ヵ月ごろになってやっと軽くみられる場合もあります。

人みしりの出る時期が遅くても、無事にそのような時期があれば、赤ちゃんと母親との愛着関係が樹立されたと思ってご安心ください。

あと追い（分離不安）

このような人みしりの時期を経て、幼児期になっていくのですが、その後もよくお子さんとふざけて遊んだり、あやしたり、おむつをかえたりといった日常の子育てを通して、子どもとお母さんの愛着関係はどんどん深まってきます。

そのうちに、お母さんが隣室に行ったり、トイレのドアを閉めて用を足したりすると、子どもの視界から母親が消えて急に不安になって、子どもは大泣きをしてお母さんを求めます。早い子ども

では「はいはい」の段階でもこのような姿がみられます。そのときに、わずらわしくなってお母さんが子どもを突き放してしまうと、子どもは母親に拒否されたと思って、不安のどん底に陥ってしまうこともあります。逆にトイレの中から、「○○ちゃん、ママはトイレよ。ちょっと待っててね」と声がけをしてあげれば、大泣きをしていても少し安心します。そしてトイレから出たら、しっかりと抱き上げてあげると、元の安定した状態に戻るので、安心してください。

この分離不安の時期に、しっかりと子どもを受けとめていくうちに、しだいに子どもの心の中にお母さんのイメージが定着し、母親と物理的に分離されたときでも、心の中にある母親のイメージにすがって待つことができるようになります。お母さんから離れ、安心して友達と遊ぶこともできるようになります。

おむつはずれは、ちょうどこのようなお母さんへの甘えがいちばん強い時期と重なってしまうことも少なくありません。

反抗期にぶつかる子どもが多い時期

おむつはずれをスタートする1歳6ヵ月から2

歳6ヵ月は、子どもの自我が芽生えてくる時期にもあたります。子どもの成長のなかでも大変重要な時期になります。

まだまだ甘えたいときでもある半面、自我が芽生えはじめて「いや」ということで、自分の意思を通してみたくなったり、大人と同じようなことをまねしたいと思ったりします。それは、そこまで赤ちゃんが成長したという証。喜ばしいことですが、もちろん幼児期の子どもには人人のルールはわかりませんよね。そこで、いろいろなトラブルが生じてしまうのです。

わけもなく「いや」と言い張ってトイレに行くことを拒否することもよくあること。おむつはずれの難しさは、実はこうした反抗期にあたっているということも大きな要因になっています。おむつはずれそのものに原因がなくとも、かんしゃくを起こしたりだだをこねた末におもらしをしたりします。また、それまでできていたのに、お母さんに失敗をしかられたのがひっかかって、どうしても言うことを聞かなくなることも。

かと思えば、パンツを脱ぐのを手伝おうとすると、いやがって自分でやりたがり、うまくいかずに結局おもらしとか、それまではトイレのドアは開けたままで、お母さんが見ていないとおしっこ

ができなかったのに、あるときからドアを自分で閉めるようになるなど、今までと少し違うようすを示すようになることもあります。

このような反抗期にある子どもに対して、おむつはずれの働きかけをすると、子どもに拒否されてしまい、どうすればよいかとまどってしまうこともありますね。何でもイヤイヤと言われたら、どうすればよいか困ってしまいますよね。このようなときにはあせらず、一歩下がり二歩前進です。トレーニングを一時中断し、子どもが協力してくれるときまで1～2ヵ月待って、再スタートするほうがよいでしょう。

甘えたい気持ち、反抗したい気持ちを受けとめながらのスタート

自分からどんどんやっていこうとして、うまくいくようになってくればいいのですが、逆に、かえって手間がかかってしまうとか、意地を張ってしなくなってしまうというのであれば、なんとかおむつをはずしたいと思っているお母さんとしては、困ってしまいます。

まだ、甘えがとても強い時期の場合には、おむつはずれでしかってしまうと、子どもはお母さんに拒否されたように不安が強くなり、泣いてまと

わりついてしまいます。このようなときには、おむつはずれのことはしばらく忘れて、よくふざけてキャーキャーと子どもと楽しく遊ぶ時間を大切にしましょう。子どもがお母さんに愛されている実感を豊かにもてれば、安心しておむつはずれを再スタートできるようになります。

一方、何でもイヤイヤという状態のときには、無理して強制するようなことはしないほうがよいでしょう。トイレやおまる誘導を一時やめるのもよいと思います。

おむつがぬれているのに、おむつをかえるのをいやがるときには、その気持ちを受けとめながら、やさしくかえてあげましょう。その結果、大泣きしたときには、泣きやむまでしばらく待って、なきやんだらしっかりと抱いてあげて、ママはあなたのこと大好きよというサインを送りましょう。

反抗期を体験しながら、子どもは自我を確立していくのです。反抗期がなく、なんでも素直に母親のいうとおりに行動してくれる子どもは、自分というものがないまま育ってしまうので、もっと大きくなってから、自分の意思が通らないことに気持ちが荒れてしまい、暴力で訴える場合もあります。

イヤイヤ期ともいわれる反抗期ですが、反抗期が芽生えていれば順調ということなのですね。

第2章

いざ、おむつはずれ!
4つのステップ

いよいよおむつはずれのスタートです。
あせらず、一歩一歩のステップをゆっくり踏んでいきましょう。

スタートの前に大切にしたいこと

Step 0 子どものおしっこの間隔は？
Step 1 おしっこに誘ってみよう
Step 2 思いきって布パンツに！
Step 3 誘わないで待ってみよう
ゴール!?

早く始めすぎるとおむつはずれに時間がかかります

おむつはずれをいつから始めるか。その時期の選び方が、あとあとの流れに大きく影響します。というのは、どの子にも『機が熟する時期』というのがあるからです。そのタイミングまで待って始めれば、無理をさせることもなく、スムーズに進みます。ですから、そろそろ始めようかなと思ったときには、子どものようすをよく観察してみましょう。

その子なりのスタート時期があり、早く始めたら早く終わる、というものでもありません。一見、早く始めたら早めに終わるように思えるかもしれませんが、たとえば1歳2ヵ月からスタートしたのに、すっきりとおむつがとれたのは2歳5ヵ月、ということもよくあります。そのあいだは実に1年と3ヵ月も、親子でもたついていたわけですね。

それにくらべて、2歳を過ぎてから始めたら、2～3ヵ月でパッとはずれた！　ということも少なくありません。

子どもの心とからだの準備が整わないうちに始めて、長い期間をかけておむつはずれに取り組むのは、子どもにとっても親にとっても、大きな負担になります。子どもの準備ができたかどうかをしっかり見極めて、それからスタートするほうがいいでしょう。

その子の発達を無視して、くれぐれも「お友達が始めたから」とか「夏になったから」というだけで始めないでくださいね。

「行きつ戻りつ」が普通です

おむつはずれが進んで、誘えばおまるやトイレでできることが多くなり、ほっとひと安心…と思った矢先、どうしたことか、急にスランプに陥ったように、今までできていたようにはしてくれないこともよくあります。以前にはできていたのに、と思うと、ついしかりたくなってしまいますね。でも、おむつはずれでの「行きつ戻りつ」は、ごく普通のことなのです。そこはお母さん、ぐっとガマンしましょう。

できなくてもしからないで、できたときにはお

おげさなほどにほめてあげてください。一度できたものは、必ずすぐにまたできるようになります。こんなときこそ、お母さんはドーンと構えて動じないことです。

あせってしかると、あと戻り

おむつはずれは、始めたらすぐに自立できるものではありません。それだけに、子どものペースに合わせて進めていくとスムーズに歩めます。もちろん、失敗はつきもの。おむつはずれの場合は、失敗すると汚してしまうことが多いため、お母さんもついしかってしまうことが多くなるかもしれません。子どもにしてみれば、しかられても、なぜしかられているのかがわからないこともあるでしょう。しかれば、おしっこやうんちをすること自体がいけないと思ってしまうかもしれません。

また、トイレ・トレーニングのころの子どもは、赤ちゃんから幼児へと成長しようとする、自我の芽生える時期です。赤ちゃん時代とは違って、失敗をしかられたりすると、すねたり、わざと反抗したりという反応をみせるようになります。すると、それまで順調だった親子の信頼関係にひびが入ってしまうばかりか、そのことによっておむつはずれ自体がうまくいかなくなってしまうことも

あります。しかるより上手にほめる、これが大切なコツです。

おむつはずれは、必ず抜けることのできるトンネルのようなもの。子どもの様子を見極め、成長に合わせて段階を追い、一歩一歩ゆっくりと進んでいくことが大切です。

Column

おむつはずれ いまむかし

私がおむつはずれにかかわりはじめた昭和40年代後半ごろの婦人雑誌の育児ページには、「生後8ヵ月の赤ちゃんを抱えて、シーシーとおしっこをさせたら、1歳前に自立した」といった投稿がありました。当時は発達や機能にあまり関係なく、早いうちからそうしておしっこをさせていたのですね。

まだ8ヵ月なら自分で歩けませんし、尿意を感じてお母さんに伝えたわけでもありません。それで出たのなら、たまたま膀胱にたまっていただけのことです。単におむつをぬらさなくなったから自立、という認識でした。

それをどう修正すればいいかと考え、そのころから、尿意を感じる感覚や意思表示といった、いわゆる知的な領域で理解できるレベルになってからのトレーニングを推奨しはじめました。現在では、「言葉をある程度理解して言うことができる」、「おしっこの間隔があいてくる」、「自分でトイレへ歩いていける」などの機能が熟してから、おむつはずれをスタートさせようという方向が主流になってきています。

しかし一方で、この条件にしばられ、こじれてしまうケースもあります。たとえば、おしっこの間隔がなかなかあかない場合、「おしっこの間隔」にお母さんがこだわるあまり、3歳半になっても「おしっこが近いから」と何のトレーニングもせずそのままおむつをしているということもあるのです。月齢を考えると知的な理解力はすでにあるわけですから、その時点で、おまるやトイレでおしっこをするのと同じように、おむつでおしっこをすることが定着してしまうと、おむつをはずすことが子どもにとって恐怖となってしまいます。

発達にはそれぞれ、刺激を与えるべき時期があり、それを逃してしまうとなかなか学習できません。たとえば、2歳になると歩ける子は多いですが、歩くことをさせずに寝かせたままでいたら、その子は歩くことを学ばないままになってしまいます。

遅く始めるということと、機が熟してから始めるということは、必ずしもイコールではありません。早すぎず遅すぎず、条件にしばられることなく、その子のタイミングをうまく見極めることが、子どもの発達においても大切なのですね。

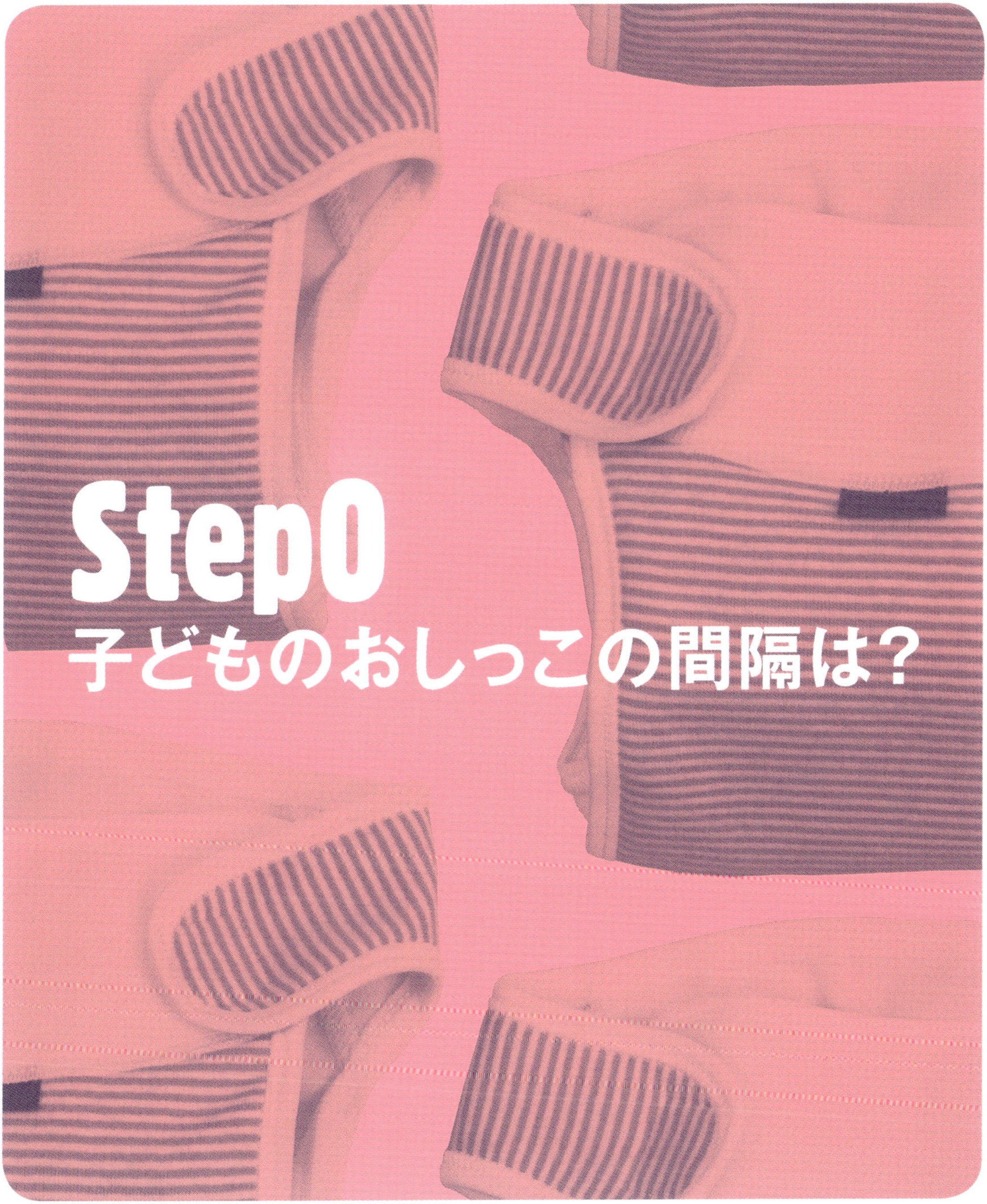

Step0
子どものおしっこの間隔は?

歩けて、片言が言えるなら
おしっこの間隔を確認しよう

「急がば回れ」が結局近道

おむつはずれを始めるには、大脳皮質が発達して、おしっこの間隔があき、無意識であってもおしっこをガマンできるようになっていなければなりません。こうした準備が赤ちゃんに整っているかどうかで、おむつはずれをスタートする時期を決めることになります。

何歳になったからスタートとか、よその子が始めたから、などの理由でとりあえずスタートしても、子どもに準備ができていなければ、うまく進みません。逆にかえってこじらせてしまい、おむつはずれが長引いてしまう結果になることも。たとえスタートするのがよその子より遅くなっても、それぞれの子どもに適したタイミングで始めるのがなによりも大切。急がば回れ、結局は、それが近道なのです。

おむつはずれの『3つの条件』

大脳皮質が発達してきたかどうかは、目で見ることはできません。子どもの心身の成長から、おむつはずれ開始にふさわしい時期なのかどうかを見極めなければなりません。それには、次の3つの条件を目安にするとよいでしょう。

1 ひとりで歩けるようになった

あんよができるということは、おしっこがわかる準備ができてきたということ。左と右の脳のバランスがとれて、大脳皮質が二本足の人間的なレベルに発達してきたことを意味しています。歩けるようになって足腰もしっかりしてきたら、おまるやトイレに座っておしっこをすることができる段階になっているとも考えられます。

2 言葉をある程度理解し数語は話せるようになった

言葉を理解できないと、「チー出る?」といった言葉がけをしても意味をなしません。また、少しでも言葉を使うことができないと、子どもから「おしっこをしたい」という意思を伝えることができません。言葉をある程度自分のものにして、人とのコミュニケーションをとれるということが、おむつはずれにとっても重要なのです。あんよが早くても、言葉がまだ出ていない段階では、スタートとしては早すぎるということになります。

3 おしっこの間隔がある程度あくようになった

1歳半くらいのころに、1と2の条件がそろう子は多いようです。2つの条件をクリアできたら、最も大切な条件が控えています。これが「おしっこの間隔を見極める」ことなのです。おしっこの間隔がある程度(目安としては、1時間半～2時間くらい)あくことがあれば、膀胱にたくさんのおしっこをためられる、無意識ながらもおしっこをガマンできるようになっているということになるのです。

おむつがえのタイミングで、おしっこのリズムをつかむ

おしっこの間隔はこうしてつかみましょう

おしっこの間隔があいてきたかどうかを調べたいときには、お母さんが毎日の生活のなかで習慣になっているおむつがえを利用するといいでしょう。そろそろおむつはずれしたい、と考えるころには、おむつをかえるにも、朝起きたときとか、ごはんのあと、お昼寝のあと、公園に遊びに行く前とか、決まったタイミングというものがありますね。こうしたときにぬれていないことがあったら、おしっこの間隔がある程度あいてきたと考えられます。もちろん赤ちゃんのほうから、おしっこをしたあとやする前に、モゾモゾしたり、不自然な格好で動作が止まったりといったサインを出すようなこともありますから、それを目安にしてリズムをつかむようにするのもいいでしょう。そしてその間隔が一日のうち2時間くらいあくとき

があれば大丈夫。いよいよおむつはずれのスタートとなります。

布おむつを使って

おしっこの間隔を調べるには、布おむつを使うのもひとつの方法。紙おむつの場合は、ぬれても表面はさらっとしているので、いちいちはずしてみないと、おしっこをしているかどうかわからないことがあります。その点、布おむつなら、お母さんもちょっとさわってみるだけでも、おしっこをしたかどうかがすぐにわかりますよね。

ただし、いくらおしっこの間隔を把握するのが大切とはいえ、お母さんがあまり神経質になりすぎないことです。子どもの遊びを中断してまで、しょっちゅうおむつを調べたりしないこと。子どもがおむつをさわられるのもいやといった反応をするようになってしまっては困ります。

なかなか間隔があかないときは？

おしっこの間隔が2時間くらいあくときが出てくるようになるのは、ちょうど1歳半～2歳のころなのですが、もちろんこれは個人差のあること。1歳を過ぎたところで、すでに間隔があいている子もいることでしょう。そういう場合には、歩けて言葉も言えるようになっていれば、1歳半ごろから早めにスタートしてもかまいません。

また、2歳を過ぎても、おしっこの間隔がどうもわからないな、という場合もあります。2歳になってもおしっこが近いためなのか、間隔がわからないというときは、膀胱の神経が敏感すぎて頻尿なのかもしれません。もう少したつときちんと間隔がつかめるようになりますから、あせらずもう少しようすをみてください。あくまでも子どもの発達に合わせて行うということを忘れずに。

ただし、2歳を過ぎていれば、おしっこを理解する能力は育っているはず。お兄ちゃんやお姉ちゃん、お友達、あるいはお母さんがおしっこをしている姿を見せたりして、おしっこを促す動機づけをしてもよいと思います。「○○ちゃん、チーだって。見てみようか?」などと言葉がけをするのもいいですね。

おしっこの間隔には個人差が大きい

今まで、のべつまくなしにおしっこをしていた子どもでも、1歳を過ぎて、1歳半、2歳となっていくうちに、一日のうちで1〜2時間、おしっこをしないときが出てきます。また、1〜2時間とまではいかなくても、お母さんのほうで、「このごろ、おしっこの間隔があいてきたなあ」と思える時期が、きっとやってきます。この時期が、おむつはずれを始めるのに、いちばんいい時期。いわゆる『機が熟したとき』なのですね。

たとえば、朝ごはんを食べてから、お昼ごろまで全然おしっこをしないとか、お昼寝から起きてもおむつがぬれていないし、朝起きたときにもぬれていない、というようになってきたら、トレーニングが始められるのです。

いつ間隔があくようになるかというのは、子どもによって異なります。水分の多い、少ないも影響します。早ければ1歳過ぎの子もいますし、反対に、2歳近くにならないと、あいてこない子もいます。とても個人差のあることなのですね。

最後の手段はパンツにして

どうしても間隔がわからないときには、一度、おむつをはずしてパンツだけにしてみるのもいいかもしれません。ただし、この場合には、間隔を調べるのが目的ですから、いつもいつもおもらしばかりなどというときには、すぐに、おむつに戻したほうがいいでしょう。もちろん、パンツにおもらしをしたときは怒らず、気持ちよくかえてあげましょう。

子どもからのおしっこのサインに注目！

1歳を過ぎると、だんだん、おしっこが出たことが子ども自身にもわかってきます。おしっこの前後でモジモジしたり、おむつの前に手をあててトントンしたり、足を広げて気持ち悪そうな格好をしたりと、なんとなく不自然な格好をするようないろいろなサインを出してくれる子どももいます。この、子どもからのサインをキャッチすることも、おむつはずれをスタートするうえで、とても大事なことです。

最初のうちは、サインに気がついたら、「おしっこしたのね。気持ち悪いね」などと言いながら、おむつをとりかえてあげるだけでいいのです。そうすると子どもは、そういうサインを出すことがお母さんを喜ばせる、いいことなんだ、とわかって、繰り返しサインを出すようになります。

そして、このサインに気をつけながら、子どものおしっこのリズムをつかんでいくこと。これが、おむつはずれを始める時期をつかむ、キー・ポイントになるのです。リズムをつかむといっても、毎日、何時と何時には必ずおしっこをする、ということを細かく知っておくという意味ではありません。大切なのは、おしっことおしっこの間隔があくときをつかむことなのです。

「おしっこたまったよ!」サインのいろいろ

●モジモジする

●トイレについてくるようになった

●出たあとに「おしっこ」と言う

●パンツやズボンに指をかけて下ろそうとする

- ●足を広げて気持ち悪そうな格好をする
- ●一瞬動作が止まって、神妙な表情をする
- ●おむつの前に手をあてててトントンする　など
- ●ママに「チー」と言う
- ●トイレですると言う

Step1
おしっこに誘ってみよう

生活の節目で誘おう

子どものようすを観察して

おしっこの間隔が2時間前後あくときがわかるようになったら、いよいよおむつはずれをスタートします。

ステップ1は、おしっこの間隔があいてきたときを見計らって、おまるやトイレに誘ってみること。このころはまだ、子どもがおしっこというものをほとんどわかっていないし、おしっこを自分の思うようには出せません。まして、おしっこをしようと思っても、膀胱にある程度たまっていないと出ないのです。子どものようすを観察して、朝起きたときやお昼寝から目覚めたときにおむつがぬれていないとか、おむつをかえてから2時間たっているのにまだぬれていないというときは、膀胱におしっこがたまっているチャンス！　こんなときは誘いどきです。時間を計ってということではなく、子どもの〝おしっこ時計〟に合わせて誘う、それがコツです。

おまるやトイレに子どもを誘うのは、これまでのおむつがえのタイミングを基本にするとよいでしょう。朝起きてまずおむつがえをしていたタイミングで、トイレに誘ってみるのです。公園に出かける前やお昼寝のあとなど、お母さんと赤ちゃんのあいだには、おむつがえのリズムがあったはず。そのタイミングでおむつがぬれていなければ、とりあえず、おまるやトイレに誘ってみましょう。

夢中で遊んでいるときには誘わないで

「ここでチーしてみようね、出るかなー？」と、おまるやトイレに座らせてみます。うまくいけば、タイミングよくおしっこがジャーッと出てくれるはずです。

もし誘っても出ない場合には、いつまでも座らせたり、ひんぱんに連れていったりせず、次のチャンスに再びチャレンジしましょう。

なかには30分ごとにトイレに誘ったり、おしっ

こが出るまで座らせておくという強引なお母さんもいるかもしれません。それはかえって逆効果。遊びが中断されたり、飽きてしまったりして、子どもはトイレやおまるに座ることや、おしっこすることが嫌いになってしまいます。くれぐれも、夢中になって遊んでいるときに、「時間だから」といって無理やりトイレに連れていったりしないでください。次からは、誘っても来なくなってしまうかもしれません。

この段階では、一日のうちでおしっこのたまっていそうなときをねらって、何回か誘ってみるというくらいでよいでしょう。

おしっこたまったかな？

誘いどきのヒント

- 朝起きておむつがぬれていない
- 午前の公園へのお散歩前にぬれていない
- お昼ごはんの前にぬれていない
- お昼寝のあと、気づいたら
ずっとおしっこをしていない
- 午後のお買い物に行く前にぬれていない
- 入浴前にぬれていない
- おむつをかえてから2時間以上たって
いるのにまだぬれていない
- おやすみなさいの時間に見ると
まだぬれていない

はじめは空振りがあたりまえ

いきなり上手にはできません

「おしっこはここでしようね」とおまるやトイレに誘ってみても、はじめのうちはなかなかうまくいかないと思います。無理もありません。子どもにしてみれば、今までおしっこなんか、してみようと思ってしていたわけではありません。ましておまるやトイレでするものだということすらわかりません。おしっこはいつのまにか、おむつの中に出ていただけなのですから。それを急に、「これからは、トイレやおまるでしなさい」と言われても、できないのがあたりまえ。すぐにその場で上手にできるわけがないのです。

だから最初のうちは、出ないからとあきらめたとたんにジャーッ！　とか、おまるに飽きて、逃げまわっているうちに畳やじゅうたんの上でおもらし、ということばかりかもしれません。

お母さんとしては、せっかく誘ったのにしてくれず、「ナイ、ナイ」と言って逃げまわっているうちに、畳やじゅうたんの上、あるいは、「でない」と言うのでおまるから下ろしたとたんにおしっこ、という事態には、ついつい「おしっこは、トイレでするんでしょ!!」と、しかってしまいがち。でも、こんなときにしかるのは逆効果です。

子どもにとっては、おむつの中にいつのまにか吸収されていたおしっこが、直接、床にジャーと出てしまったわけですから、びっくりしないはずはありません。そこでしかられても、どうしてしかられているのかもわかりません。あるいはそのことがきっかけで、おまるやトイレが嫌いになったり、おしっこをすること自体、なにかいけないことのように思ってしまうかもしれません。これでは、快適になるはずのおしっこが不快なことになってしまいます。

むしろ、床にジャーッとしてくれたときがチャンスだと思ってください。そのとき、「おしっこはトイレやおまるにするもの」と、場所にこだわってしかるのか、ここぞとばかりに「これがチーなんだよ」と教えてあげるのか。どちらをとるかで、あとあとのおむつはずれの進みぐあいが大きく変わっていきます。

トイレやおまるに誘って、そこでうまくおしっこが出るというのは、はじめのうちは偶然の出来事。最初のうちは、間隔があいて、膀胱にたくさんおしっこがたまっている確率の高いときを選んで、根気よく、トイレやおまるに誘ってみましょう。それを続けていれば、してくれるときが必ず出てきます。

チー出る・チー聞く・チー見る

1「チー出る」感覚

ジャーッとおしっこが出る放尿感などの生理的な感覚を認識する。

排尿3感覚を大切に

おむつはずれは、おむつの時代には体験できない3つの「おしっこ感覚」=「チー感覚」をはぐくむものです。

この3つの感覚を、何度も繰り返し同時に経験するうちに、子どもはおしっこというもの、そして「おしっこする」ということを学んでいきます。そうするうちに、おしっこはひとりでに出てしまうものから、自分でするものに変わっていくのです。この過程こそがおむつはずれなのです。

2「チー見る」感覚

自分のおしっこを
目で見て確認し、
視覚的に理解する。

3「チー聞く」感覚

お母さんが「チー出たね」と
言葉かけすることで、
自分が見たものとチー、
あるいはおしっこという言葉が
結びつく。

Column

おしっこを「体験する」大切さ

子どもがおしっこを覚えていく過程をみていくと、おむつなしの状態で床におしっこをしたときに、お母さんが、「チーだよ」「チーが出たねえ」と声をかけてあげることが、とても大切だとわかります。「チーだよ」と教えてもらったことで、子どもは、ジャーと流れているこれが「おしっこ」だとわかるのですね。子どもは、直接、ジャーッとおしっこが出るところを見て、とても驚いています。そこですかさず、「ほらチーよ。チーが出たね」と教えてあげましょう。しかったり、すぐに床をぞうきんでふいてしまわないで、子どもといっしょに「チー体験」を味わう余裕をもつことが次の成功へとつながっていくのです。

また、おまるやトイレの中、あるいは畳の上やじゅうたんの上にたまった、水たまりになったおしっこを、子どもが自分の目で確かめることも、おしっこを覚えていくには大切なことです。というのは、子どもは、ジャーと出て足もとを伝わった、自分のからだの感じに、「チーだよ」というお母さんからの言葉と、目の前にある水たまりのようなものをあわせて、おしっこを覚えていくのです。ジャーと出た、びっくりした感じだけでもわかってはいきますが、それに、「チー」という言葉を聞いたり、下にたまったものを見ることによって、はっきりと、チーということ、おしっこということがわかっていくのです。

そういう意味では、この段階でいちばん大切なのは、おむつなしの状態でおしっこを体験すること。ですから、畳や床、じゅうたんの上でおしっこをしてしまったときでも、そこで教えてあげればいいのです。お母さんにとっては、じゅうたんや畳の上に出たおしっこは、失敗に思えるかもしれません。でも、子どもにとっては、それも貴重なおしっこ体験。なかなか難しいとは思いますが、このおしっこを知る絶好のチャンスを、大切にしてほしいと思います。たとえ、おまるやトイレでのおしっこに失敗しても、この3つの感覚がわかってくれば成果はありです。

Step2
思いきって布パンツに!

ポイントは、お母さんの「堪忍袋」

進みぐあいはお母さんしだい

さあ、おむつをはずしました。でも、だからといっていつでもおまるやトイレでおしっこができるかといえば、まだまだです。なんといっても、打率はまだ5割。お母さんにとっては、新たな試練が始まるときです。

実はここで重要なのは、お母さんの「堪忍袋」なのですね。「堪忍袋」が小さくて、つい子どもにあたってしまうお母さんは、成功率がもっと高くなってから、布パンツにしたほうがいいでしょう。布パンツにおしっこをしたり、床にジャーッともらしてしまったりすると、「またやって！だからさっき、おしっこしなさいって言ったじゃないの！」などとしかってしまいます。それが続くと、子どもは「ない、ない」と言って、頑としておまるやトイレでおしっこをしなくなったり、パンツが汚れていてもかえさせてくれなかったり、隠れておもらしをするようになったりします。あげく

に、明らかにぬれているのに「チーない！」と逃げまわったりします。

すぐカリカリしてしまうお母さんは、誘導成功率が8割くらいになってからでないと、子どもは失敗するたびにしかられて、立つ瀬がなくなります。快適なはずのおしっこが、不快な状態に追いこまれてしまうのですね。

「堪忍袋」の大きいお母さんは、そのくらいではしかりません。おおらかに「タイミングがずれちゃったね」と、どちらかというと自分のせいで失敗したと考えます。「チー出ちゃったね。びちょびちょで気持ち悪いでしょ。パンツかえようね」などとやさしく対応できるお母さんなら、誘導成功率が3割ほどの段階で布パンツにしてしまっても、順調にいきますよ。自立が早くなるのはやはり、おおらかなお母さんのほう。進みぐあいはお母さんしだい、ということなのですね。

とはいえ実際には、なかなかたれ流しの状態を許すのは難しいですよね。そういう場合には、お母さん自身が許容できる範囲を考えて、おむつ、布パンツ、トレーニングパンツを上手に使い分けるのもいいかもしれません。大切なのは、子どもが楽しい雰囲気で、気持ちよくおしっこをすることなのです。

布パンツ、デビューはいつ!?

おしっこは「ジャーッ!」と流れ出る

いつ、おむつをはずして布パンツに切りかえるか。これは、おむつはずれを進めるうえで、いちばん関心のあるところですね。

結論からいうと、トイレやおまるに誘ったときに、一日のうち半分ぐらい、そこでおしっこができるようにならないと、おむつをはずすのは難しいと思います。子どもは、パンツになるのをとっても喜びます。モコモコ大きなおしりから解放されて動きやすくなるし、気分的にも、赤ちゃんからお兄ちゃん、お姉ちゃんになったようでうれしいのでしょう。

また、トレーニングの面からみても、パンツにするのはとても効果的なのですね。というのは、おしっこを覚えていくときには、出た感じだけではなくて、それが足を伝って流れていく感じと、お母さんの「チーだよ」という言葉、それに、下

にたまったおしっこを見るという、この3つが組み合わされることが、とても大事なのです。この意味からいっても、おしっこの流れ落ちる感覚がわかりにくいトレーニングパンツをはかせるよりも、普通のパンツをはかせたほうが、子どものおしっこ感覚を育てていくには都合がいいのですね。

布パンツにすれば、おしっこが出たと思ったらジャーッと流れ出てしまいます。お母さんもすぐに気がつくし、おしっこはちゃんと下にたまります。だから、トレーニングパンツやおむつよりもおしっこを覚えやすいのですね。トレーニングのことだけを考えれば、まだ一度もトイレやおまるでおしっこをしたことのないうちから、いっそのこと、布パンツにしてしまうのが、いちばんいい方法なのかもしれないと思うくらいです。しかしそれには、大きな問題が立ちはだかります。ジャーと流れ出たおしっこのあと始末をする、お母さんの側の問題です。

誘導成功率が半分を超えたらパンツに

おむつはずれの進みぐあいには、お母さんと子どもの関係が大きく影響します。お母さんがイライラしないで、子どもといい関係でいられること

が重要なのですが、たとえば朝から晩まで毎日、8回から10回ものおしっこをすべて、畳やじゅうたんにたれ流しにされたら、イライラしないでいられるでしょうか？

さらに、おむつからパンツにした当初は、おしりがスースーするために、おしっこの回数がふえることもあるのです。一日20回以上もおしっこすることがあるかもしれません。

それを全部始末して、汚れたパンツを洗って…の繰り返しには、お母さんはイライラするし、これがいつまで続くのかと不安になるのが当然。結局、子どもをしかることも多くなります。

ですから、子どもとお母さんの両方の立場を考えあわせて、一日のうちで半分くらい成功するようになってはじめて、おむつをはずし、パンツにするほうがよいと思います。

Step3
誘わないで待ってみよう

自分から「おしっこ!」と言ってくれるのを待ちます

「自分から」が最後の関門

お母さんがタイミングを見計らっておまるやトイレに誘ったときに、失敗なくできるようになったら、あとひと息です。尿意、つまりおしっこがたまったという感覚もだいぶわかってきていますから、こんどは、自分から「おしっこ」「チー出る」と言ってくれるようになるのを待ちましょう。そして、自分から言えるようになったら、バンザーイ! おむつはずれ完成! です。

でも、この「自分から」というのがなかなか難しいところ。お母さんが忙しくて誘うのを忘れたりすると、やっぱり失敗してしまい、「いつになったら、自分から教えてくれるのかしら」と心配しているお母さんも少なくありません。ここがおむつはずれ最後の関門。お母さんの悩みどころでもあるのです。

おしっこをする前に教えてくれるようになるに

は、まず、膀胱におしっこがたまったということがわかることが大切なのです。膀胱がいっぱいになったときの感じと、おしっこをして、空っぽになってすっきりしたときの感じの違いがわかってはじめて、子どもは「ああ、これがおしっこの出る前の感じだな」ということを知り、「お母さんに教えなくちゃ」と思うのです。この、膀胱の感覚は、何度も経験していくなかで自然に覚えるもの。おまるやトイレに誘われて、いっぱいだった膀胱がおしっこをしてすっきりする、そんな経験を積み重ねることが必要です。

誘えばトイレにできるようになったのに、いっこうに自分からは「ママ、おしっこ」と教えてくれないときには、どうすればよいのでしょうか。そんなときはトイレに誘うタイミングを少し遅らせて、いつもよりたくさんの尿を膀胱にためます。そのうえで「おしっこは?」と聞きましょう。場合によっては、そっと下腹部をトントンとノックします。おしっこがたくさんたまっているので、ズーンズーンと尿意を感じることができるようになります。そのうえでトイレやおまるに誘導します。

誘うタイミングを遅らせた結果、まにあわずに失敗することも覚悟してください。そのときには怒らずに、ぬれたパンツをかえてあげましょう。

一日のうち何回か誘うタイミングをずらして

おもらしも貴重な体験

「誘えばできるけど…」という場合は、おしっこに誘うタイミングを少し考え直してみましょう。お母さんがおしっこに誘うタイミングがちょうどよすぎて、いつも膀胱がいっぱいになる手前、8分目ぐらいしかたまっていないときに誘われておしっこをしていると、膀胱がいっぱいになるギリギリの感覚がつかめなくなってしまいます。特に、年齢が小さければ小さいほど感じる力も弱いので、ギリギリの度合いが強くないと、たまった感じはなかなかわかりません。ちょうどいいところでお母さんが誘ってくれておしっこへ行く、というパターンができてしまっていると、ギリギリの感じがつかめないから教えられない。お母さんは待てずに誘ってしまう。そのため、いつまでも自分から「おしっこ」と言えない、という悪循環になってしまう場合があります。

こんなときは、おまるやトイレに誘うタイミングを少し遅らせてみましょう。ギリギリまで膀胱におしっこがたまった感覚を感じさせるようにするのです。子どもはモゾモゾして、ついにガマンできなくなって、ジャーッとおもらししてしまうでしょう。でも、これが貴重な体験なのです。これを何度か繰り返すうちに、おしっこがたまってもらしそうになる「あの感じ」がつかめるようになるのです。

そっと下腹部をトントン

もしそれでも、おしっこがたまった感覚がわからないようであれば、膀胱のあたりを軽く押して、「チー出ない?」と聞いてみるというのもひとつの手です。誘うタイミングを遅らせると、当然ながら失敗することが多くなるかもしれません。でもしからないでください。まだ自分から言えないから、わざとタイミングをずらして、ギリギリの感覚をわからせようとしているわけですから、ここでしかってしまっては、本末転倒です。

それから、タイミングをずらすといっても、くれぐれも「今日からは毎回誘わないぞ!」などと、意気ごまないようにしてください。ずらすのは一日に何回かで大丈夫。子ども自身もうだいぶおしっこというものがわかってきていますから、しばらくすると、自分から言えるようになってくるはずです。子どものようすをみながら、ときどき誘うのをやめてみる、そんな感じでいいのです。

言ったとたんに「ジャーッ!」ということも

言うことはできるのに…

最初のうちは、ジャーッとおしっこをしてしまったあとで「チー」とか「おしっこ」とか言うことがあります。また、言ったとたんにジャーッということも少なくないでしょう。お母さんとしては、言うことができるのにどうして？　と思うかもしれませんが、それは、まだおしっこをガマンする力が足りなくて、出てしまったということ。ガマンする力は年齢とともに発達してきますので、あせらずに待ってみてください。たとえば、できるだけ脱ぎ着しやすい服装にしておくなどの工夫で、失敗も少なくなるでしょうし、そのうちに、子どものほうでも、ズボンを脱いで、トイレに行ってという時間のゆとりも考えながら、「おしっこ」と言えるようになります。

どちらにしても、完成まではもう一歩！　この作戦が成功すれば、おむつはずれは完成です。

ほぼ完成！ でも失敗はつきものです

やった！ 完成した！ と思っても、失敗することはもちろんあります。特に遊びやテレビに熱中しているときなどは、膀胱からの刺激よりも、遊びやテレビからの刺激が強いんですね。まだ神経の発達が十分ではないので、テレビや遊びに夢中になっているときは、たまった感じもつかみにくいのです。自分から言えるようになってからも、テレビや遊びに夢中になっておもらしというのは、よくあることです。

「もうできるようになっているはずなのに〜！」と思うかもしれませんが、おしっこが自立したばかりのころには、こうした失敗はつきものです。こんなことはあたりまえのこと、と軽く受けとめてあげてほしいものです。

この「誘うのを控えて待つ」という段階は、そんなに長くはかからないと思います。せいぜい、1〜2週間ぐらいのものでしょう。ここまでくれば、子どもも、おしっこすることがだいぶわかってきていますから、誘ってもなかなかできなかったという、ひとつ前の段階とは違います。お母さん、もう少しですよ！

Column

「トレーニングパンツ」にひと言

おむつはずれ中のパンツというと、いわゆるトレーニングパンツを連想しがち。でも、このトレーニングパンツ、実はトレーニング用のパンツではありません。

用意しないとトレーニングできないと思われがちな品名で、本当に巧妙な名前をつけたなあと思いますが、実際にはあまり役に立ちません。むしろ使わないほうがいいくらいです。はかせたからといっておむつはずれがスムーズになるわけでもありませんし、厚いけれど使い捨てではないので、なかなか乾かず洗濯しても大変です。

じゅうたんや畳を汚したくないという理由で、トレーニングパンツを使うお母さんが多いのですが、それなら、おむつのままトレーニングを進めればいいのです。トレーニングパンツは、子どもにとってはおむつと同じだということをわかって使うならいいでしょう。

トレーニングパンツは、股のところにビニール加工をしたり、かなり厚手の布で作られているため、下に流れにくくなっています。パンツにしたときのメリットである「たれ流し」がしにくいのです。価格の面からも、綿のパンツで十分だと思いますよ。

トレーニングパンツのいちばん実際的な使い方は、お出かけ用のパンツにすること。昼間のおむつがとれた子がお出かけのときに、タイミングがずれたり、ちょっとした折に失敗するとかわいそうですよね。そんなときに、ある程度保水力のある「トレーニングパンツ」を使えば、まわりを汚したりズボンをぬらしたりせずにすみます。

そういう使い方を考えると、トレーニングパンツは10枚用意するか3枚用意するか、という違いになるわけです。いざ使ってみるとあまり便利ではなくて、使わないまま残っていることも多いトレーニングパンツ。買うときは十分使い方を考えて！　いっぺんに買いすぎないほうがいいと思います。

ゴール!?
おめでとう、自分でトイレへ

もう大丈夫！と思ったら…

子どもの成長は時計の振り子

長かったトレーニングも、おしっこが出る前に、「ママ、おしっこ」と言えるようになって完了！ やったー！ もう大丈夫、と思っていたのに、寒くなってきたら「おしっこ」と教えてくれたときには、パンツはびちょびちょ…。トレーニングが大変だっただけに、また、あの毎日を繰り返すのかと思うとうんざり、などということがよくあります。

おしっこのしつけにかぎらず、子どもが何かをできるようになるには、けっして、一本道ではないのです。行ったり来たり、時計の振り子のように進んでいくものなのです。できるようになったと思ったら、失敗。失敗ばかりしていると思っていると、いつのまにかできるようになる。こういう足踏み状態を繰り返しながら、上手にできるようになっていくのですね。

おしっこのあと戻りも、この、行ったり来たり

のひとつにすぎません。あって当然、程度の差こそあれ、みんなが経験することです。特に、出る前に、「おしっこ」と言えるようになっても、その状態が安定するには少なくとも、あと1～2ヵ月はかかります。そのあいだは、なおさらあと戻りしやすい時期なのです。

また、今まで、誘えばトイレやおまるでできていたのに、寒くなってからはタイミングが合わず、さっぱりだめということも多いですね。寒くなると、それまで汗としてからだの外に出ていた水分が減り、おしっこの量がふえます。それに、からだが冷えるために、おしっこを感じる神経が過敏になって、まだそんなにたまっていないのに、おしっこをしたい感じだけが伝わってトイレへ行く。でも、実はまだそんなにたまっていないから出ない。そういう空振りも多くなります。そんなことから、失敗もふえてしまうのです。

あと戻りしてもあせらないで

一度できていれば大丈夫！

あと戻りしたときには、まず第一に、あせらないことです。あせってしかったりすると、子どもは混乱してしまいます。こじれて、そのまま、失敗の状態が固定してしまうことになりかねません。また、たれ流しが続くのではないかと心配して、「だめでしょ。おしっこはトイレよ！」などとときつくしかってしまうと、次の日からはもう、トイレに誘ってもしないし、パンツにもらしても言わない、ということにつながることも。

失敗しても、「寒くなってきたからしかたないね。今度はトイレでしようね」などとのんびり構えていれば、しばらくするうちに元に戻ります。

特に、おしっこをする前に一度でも教えてくれたことのある子なら、あと戻りしても大丈夫。寒さが落ち着くとともに、あるいは寒さにからだがなじむと、また言えるようになります。

どうしてもたれ流しされることにガマンができ

ない、やっぱりしかってしまうというお母さんは、無理をしないでしばらくおむつに戻せばいいのです。そうはいっても、なかには、いったんパンツになると、おむつに戻すのをいやがる子どももいます。そういう場合は、なんとか子どもの気持ちにそって、パンツのままでできるだけ頑張ってほしいと思います。

あと戻りしたときに、なかなかおむつに戻す決断ができないことも多いようです。これは、一度、おむつに戻してしまうと、今までの努力が水の泡になると思ってしまうお母さんが多いからなのですね。でも、そんなことはないのです。子どもが一度できるようになったというのは、それだけ身についているということですから、少し時間がたてば、すぐまたできるようになります。いったんおむつに戻して、その時期がくるのを待つ。それぐらいのんびり構えていたほうが、逆に、早く自立できるようになるのです。

また、寒くなってからおまるや便座をいやがる場合には、ヒヤリとする感触が原因ということも少なくありません。また、ズボンやパンツを脱ぐのに時間がかかりすぎて失敗、ということもあるかもしれません。寒い時期には、そういう細かい点にも気を配ってあげる必要があります。

気持ちを訴えているときは一時休止

不安な気持ちがおもらしに

　おむつはずれ、ようやく終了と思ったあとに、たまたま1回だけ失敗して、そのとき強くしかりすぎ、あっというまに毎回たれ流し、などということもあります。あとは坂道を転げ落ちるようにズルズルと失敗の連続ということに。こうなると、もう、あと戻りというよりは、お母さんに対する子どもの意地みたいなものですね。「たまたまうまくいかなかっただけなのに、お母さんたらこんなに怒るんだもの。私だって言うこと聞かないわ」という、子どもの意思表示なのです。

　また、原因が直接おむつはずれに関係なくても、子どもの意思表示として、おもらしをすることもよくあります。たとえば、今までほとんど失敗がなかったのに、下の子が生まれたとたん、おもらしをするようになる、また、お母さんが仕事で忙しくなって、ゆっくり相手をすることができなくなったら、とたんに誘ってもうまくいかなくなる、というような場合です。

これらは、お母さんに対して、「そんなに怒らないで」とか「もっとかまってほしい」ということを、おもらしという行動で、訴えていると考えられます。

このようなときには、おむつはずれは一時休止しましょう。おむつに戻して、子どもの気持ちをいちばんに考えてあげます。かまってほしいなら、いっしょにいっぱい遊んであげるとか、下の子が原因と思うなら、ふたりだけの時間をできるだけ作ってあげるとかして、ともかく子どもとの関係をよくすることが先決。

こういった場合は、子どもが満足して気持ちが落ち着けば、また、すぐによい状態に戻ります。おむつのままでも、リズムが戻ってきたり、また「おしっこ」が言えるようになります。それからおむつはずれを再開しても、けっして遅くはありません。

こんなときどうする⁉

1 下の子が生まれてから

2歳から2歳半ぐらいのいわゆる「おむつはずれ適齢期」は、下の子が誕生したり、お母さんが次の子どもを妊娠していることが多い年頃。お母さんがつわりで体調が悪かったり、生まれたばかりの子どもにかかりきりにならなければいけなかったりで、落ち着いて上の子どものおむつはずれに取り組むことができない場合も少なくありません。そのうえ、子どもはお母さんがかまってくれないぶんだけ、おしっこを教えなくなったり、おむつをしてもらいたがったりと、よけいにめんどうをかけてきます。大幅にあと戻りしてしまったようにみえることもしばしばです。

これは、まだ甘えたい盛りなのに、気持ちを受け入れてくれないお母さんに対する子どもからのアピールなのです。子どもはけっして「できなくなった」のではなく、赤ちゃんと同じようにかわいがってもらいたいという気持ちをそうした行動で表現しているのです。

まずは、そんな子どもの気持ちを理解してあげることが大切。2歳ぐらいの子どもに、お兄ちゃんだから、お姉ちゃんだからと納得させようとしてもまだまだ無理です。お母さんが子どもの寂しい気持ちをできるだけくみとってやさしく接してあげることが一番です。現実には、お母さんだってスーパーマンではありませんから、2人の子どもにそれだけ手をかけるのは不可能ですよね。そんなときは、おむつはずれは思いきってお休みして、お母さん自身の余裕ができるまでのんびり構えて待ちましょう。

おむつはずれ中の大量の洗濯ものがなくなるだけでも、お母さんの負担はぐんと軽くなり、子どもに接してあげられる時間がとれるはず。お母さん自身も、やさしい気持ちでいられるゆとりができるのではないでしょうか。おむつはずれをあせるよりも、ゆっくりでも、親子のいい関係をキープしていくほうが、お互いにとってよい結果になるでしょう。

こんなときどうする!?

お母さんが働いているとき

仕事を持っているお母さんにとって、おむつはずれは悩みの種かもしれません。保育園では、子どもたちは友達がするのを見る機会も多く、おしっこのことを早く理解できます。また、保育士はそれを上手に助けてくれています。このようなことから、保育園児は、家にいる子どもよりも早く自立する子が多いのは確かなのです。その半面、保育園では教えられたとおりにきちんとトイレやおまるでおしっこできるのに、うちに帰ってくるとできなくなってしまうという子どもも多いようです。それですっかり自信を失ってしまうお母さんもいますが、やっぱり保育園の先生は保育のプロ、同じようにいくわけはないと、気楽に考えましょう。

　家では、保育園の先生が誘っているタイミングと少しずれていたり、お母さんといっしょにいることがうれしくて、おしっこのことを忘れているだけなのですから、気にすることはありません。子どもは、保育園である程度規則正しい生活をしてきて、家に戻ってお母さんといっしょにいる時間はリラックスタイムなのです。ですから、子どもにとって一日のうちでとても貴重な自由な時間を、おむつはずれで緊張させてしまうのはかわいそうです。お母さんといっしょに楽しく過ごすことがなによりと考えて、無理せずゆったりとさせてあげたいものです。

　おむつはずれを優先させてしまうと、子どもへの接し方もつい厳しくなってしまい、親子の関係も緊張感のあるものになってしまいます。保育園でできているなら、基本的にはおしっこの自立はほぼ完成していると考えてよいでしょう。家でできないのは、お母さんに甘えたい心の表れ。お母さんは、そんな子どもの気持ちをくみとって、まずはゆっくり甘えさせてあげてください。

　そのうえで少しずつ、トイレに誘導するような言葉がけをしていけばいいのです。親子の関係を緊張感のない、親密なものに保つことが、おむつはずれをこじらせないための前提条件です。

　子どもが言うことを聞かずぐずったり、反抗してばかりいるときには、お母さんは自分の子どもに対する接し方をふり返ってみてください。忙しい毎日のなかで、ゆとりがなく、口うるさく指示したり、しかることが多くなっていないでしょうか。子どもと「いい感じ」でふれあっているなら、保育園にあずけたためにいっしょにいる時間が少ないことは気にする必要はありませんし、お母さんが働いていることは、長い目で見て、子どもにとってけっしてマイナスになることはありません。

第3章

もっと教えて!
おねしょ・うんち

おむつはずれを進めるうえで、やっぱり気になる「おねしょ」と「うんち」。
悩めるお母さんたちへ、特別講義のスタートです。

夜のおむつはずれ——おねしょについて

夜のおむつはトレーニングではとれません

昼間のおむつがとれると、さあ、今度は夜のおむつをはずさなければ、と思うお母さんも多いようです。「夜のおむつは、いつごろとったらいいでしょうか」という質問もよく聞きます。でも、昼と夜のおむつはずれはまったく違うもの。昼のおむつと違って、夜のおむつは練習してとるものではないのです。

昼のおむつは、お母さんがタイミングをみて子どもを誘い、トイレやおまるでおしっこをすることを覚えさせていきました。でも夜は、眠っているあいだのことですから、自分から「おしっこ」なんて言ってくることはできませんよね。

夜のおしっこに関しては、トレーニングはできません。練習ではずすことができるものではないということをまず、覚えておいてください。

子どもと大人、どう違う？おねしょのしくみ

赤ちゃんは毎晩おねしょをしますね。それがだんだん大きくなると、おねしょが減ってきて、学校に行く年頃にはほとんどおねしょをしなくなります。まして大人の場合は、いくら水分をとっても、眠ってからおねしょをするなんてことはありません。それなのに、なぜ子どもはおねしょをしてしまうのでしょう。それは、夜中に作られるおしっこの量が多いことと、おしっこをためる膀胱が小さいことが関係しています。

赤ちゃんは、夜中におしっこを作るのをおさえる働きをするホルモン（抗利尿ホルモン）が、ほとんど分泌されません。また、おしっこをためようとする機能が幼く、少したまると反射的におしっこをしてしまいます。そのため、寝ているあいだにたくさんおしっこが作られて、毎晩、何回もおねしょをしてしまうのです。ところが、成長するにつれてこの抗利尿ホルモンの分泌量がふえ、寝ているあいだに作られるおしっこの量が減り、しかも膀胱におしっこをためる力も育って、膀胱が大きくなってきます。そのため、大人は水分をがぶ飲みしても、おねしょをしないのです。

子どもの場合は、夜眠っているあいだにたくさんのおしっこが作られます。膀胱の大きさには限界がありますから、そのおしっこは寝ているあいだに膀胱からあふれて出てしまいますね。それがおねしょというわけです。膀胱がいっぱいになったときに目覚められればおねしょをしないですむのですが、ようやく昼間のトレーニングがうまくいった段階の子どもの場合、眠っている無意識のときは、膀胱がいっぱいになったという刺激があっても大脳皮質まで伝わらないまま、おしっこが出てしまいます。それなら目が覚めればよいのかというと、実はそうでもありません。

たしかに、夜中に目覚めることができればおねしょではなくなるかもしれませんが、それは、ふとんでおねしょをするかわりにトイレでしている（「トイレおねしょ」）ということにすぎません。お母さんとしてはふとんをぬらすことを避けられて助かるかもしれませんが、これは本質的な解決ではありません。問題なのは、夜におしっこをするということ。つまり、夜間に作られるおしっこの量と、それをためる膀胱の大きさのバランスがくずれるとおねしょをしてしまうか、目覚めてトイレに行くのです。おしっこの量が多すぎても、あるいは膀胱が小さすぎても、おねしょが生じてし

まうということなのです。

夜のおしっこは、子どもの能力や親のしつけには関係なく、純粋に生理的な問題といえます。

このように、抗利尿ホルモンが順調に分泌され、膀胱も大きくなってくれば、眠っているあいだに作られるおしっこの量が減ってきて、自然におねしょをしなくなり、夜のおむつがとれるようになるのです。

5歳までのおねしょはまったく心配いりません

子どもはいつごろまでおねしょをするのか、ということには大変個人差があり、一概にはいえません。ひとりひとりの発達のペースによって全然違ってきます。早ければ、生後6ヵ月で夜はもうおむつをぬらさないという子もいますし、小学生になってもときどきおねしょをするという子どももいっぱいいます。

以前のアンケート結果では、「ときどきおねしょをする」という子どもは、3～4歳で35%、5～6歳でも、19%もいました。「毎晩おねしょをする」という子どもでさえ、3～4歳で6%、5～6歳でも、3%弱いたのです。

この違いは、先ほどからいっている抗利尿ホルモンが、順調に分泌されるようになるのが早いか、ちょっと遅れているか、膀胱にたくさんの尿をためられるか、ためられないかの違いでしかありません。ですから、今、毎晩、子どものおねしょで悩んでいるお母さんも、けっしてあせらないでください。「うちの子はちょっと遅いのね」ぐらいに思って、しだいに順調になるのをのんびり待っていれば、そのうち必ずしなくなります。少なく

とも、５歳ごろまでのおねしょは、普通にみられる生理的なもの。けっして病的なものではありません。まして、おしっこのしつけの失敗とか、子どもの知能の発達などともまったく関係ありません。歩くのが遅い、ことばがなかなか出てこないなどと同じ発達の進みぐあいの個人差でしかないのです。

　このように、５歳までのおねしょはよくあることですから、心配することはありません。

まだ続く？　もう卒業？　の見極めは

抗利尿ホルモンが順調に分泌されるようになったかどうかは、寝入ってからどれくらいたっておねしょをしているのか、その時間帯によってわかります。

寝る前にトイレに行ったのに、寝入ってから2～3時間もしないうちに、もうおねしょ、というときは、まだまだ抗利尿ホルモンの分泌が少なく、眠っているあいだにもどんどんおしっこが作られているということなのです。こういう場合は寝入りばなだけではなく、一晩に2度3度と繰り返しおねしょをすることが多いようです。膀胱が小さすぎる場合も同じです。

それが、ホルモンが順調に分泌されていくにつれて、最初のおねしょまでの時間がだんだん長くなり、明け方までもつようになります。明け方1回のおねしょパターンになれば、もう大丈夫。卒業まであと一歩です。小さい膀胱が大きくなった場合も同様です。

そのうちに、毎晩必ずおねしょをしていたのが、ポツリ、ポツリとしない日が出てきて、そして最後にはおねしょなしになるわけです。

また、おねしょ1回あたりのおしっこの量にも

注意してください。おねしょが明け方だけになり、やがてなくなるときには、今までふとんまでぐっしょりぬらしていたものが、パジャマだけとか、シーツをちょっと、というように、ぬれ方が少なくなってきます。ここまでくれば、そろそろ明るい光が見えてきます。

いつはずす？ 夜のおむつ

では、おねしょをする子どもの夜のおむつは、いつごろはずしたらいいのでしょうか。

本来なら、昼間のおむつはずれがうまくいき、昼のおむつがパンツに切りかわったら、なるべく夜のおむつもとってあげたいものです。せっかく昼間はおむつから解放されてパンツにかわったのに、夜にはおむつに戻すというのは、子どもにとっては少しいやなことかもしれません。

でも、これはちょっと難しいかもしれませんね。毎晩のおねしょはお母さんも洗濯が大変でしょうから、子どもがいやがらなければ、場合によってはおむつをしていたほうがいいかもしれません。3歳〜3歳半くらいになると頻度もだいぶ減ってくるはずですから、そうなってから夜のおむつもとるようにしたらいいと思います。

また、どうしてもおねしょで寝具を汚したくなかったら、子どもが熟睡してからそっとおむつをさしこんで、目を覚ます前にはずしておくという手も。ただし、あくまでも子どもに気づかれないようにしてくださいね。

いずれにしても、おねしょ卒業までの道のりは、一直線ではありません。行きつ戻りつ、寝入りばなタイプから明け方タイプになったと思ったら、また、寝入りばなにたっぷりおねしょ、ということもあるかもしれません。寒くなって、からだが冷えておしっこの量がふえ、膀胱も過敏になってしばらくしなかったおねしょをまたするようになった、ということもあるでしょう。

おねしょは、抗利尿ホルモンが順調に分泌されなくて尿量がふえる、膀胱の蓄尿力が不十分というのがいちばんの原因。順調になれば、必ずしなくなるものです。ある日突然しなくなるということもありますが、気がついたら、いつのまにかおねしょをしなくなっていた、ということが多いのです。ですから、あまり深刻に考えずに、前の年の同じ時期とくらべてよくなってきたかどうかというように、1年、2年の単位で見ていくとよいでしょう。

夜中にトイレに起こさないで

夜中に子どもを起こしてトイレに連れていけばおねしょはなおる、と思っているお母さんも多いようですが、これは大きな間違いです。夜中に子どもを起こそうとしても、普通はなかなか起きません。これを無理やり引きずるようにしてトイレに連れていっておしっこをさせても、子どもは夢うつつのまま。これでは、前にもお話ししたようにふとんの上でおねしょをするかわりにトイレでしているというだけで、何も意味がありません。

それにそんなことをすれば、眠りのリズムを乱してしまうことにもなり、ぐっすり眠るほどたくさん出るという抗利尿ホルモンの分泌を不安定にしてしまい、結果としておねしょの状態から抜け出せなくなってしまうこともあるのです。ですから、とにかく夜はぐっすり眠らせてあげること。無理に起こさないで、朝までぐっすり寝かせてあげることが、なによりのおねしょからの卒業の近道なのです。

また、おねしょでぬれている子どものパジャマを、夜中にかえたほうがいいかという質問をよく受けます。どうしても気になるなら、お母さん自身が負担にならなければ、かえてあげてもいいで

しょう。ただし、とりかえるときに、子どもを起こさないように注意してください。眠りを中断させるのが、おねしょにとってはいちばんよくないことだからです。そのままにしておくとカゼをひいてしまうのではと心配になるようですが、おねしょをしたからといって、特にカゼをひきやすいということはありませんのでご安心を。

おねしょはしつけではなおりません

おねしょでふとんがびしょぬれになったからといって、けっして子どもをしからないでください。あと始末や洗濯のことを考えるとついついイライラして、おねしょを繰り返す子どもをしかりつけたくなる気持ちもわかりますが、そこはぐっとこらえたいところです。

おねしょは、子どもが眠っているあいだの出来事。からだが勝手におしっこを作って、それがもれてしまうわけですから、しかられてもどうしようもないこと、子どもにとっては不可抗力なのです。しかられて、子どもも「今日こそはしない」と頑張っても、抗利尿ホルモンの分泌が順調でなかったり、膀胱が小さいうちは、出てしまうわけですね。逆に、しかりすぎると、子どものほうにストレスがたまり、かえって、発達にブレーキをかけることにもなりかねません。

いったんはおねしょをしなくなったのに、突然なんらかの原因で再びおねしょをするようになる子どももいます。これは、寒くなったことからくる生理的な場合もありますが、こういった心理的ストレスが原因の場合もあるのです。

また、気にしていないように見えても、おねしょをした子どもは、それだけで十分傷ついています。おねしょなしでさわやかに目覚めたいというのは、誰よりも、本人がいちばん、願っているものです。お母さんとしては絶対にしからないでください。それよりも、おねしょをしなかったときにこそ、大いにほめてあげる。それで十分、お母さんの気持ちは伝わると思います。

おねしょは、しつけ方にも、子ども自身の能力にもなんの関係もありません。待っていれば必ず自然になくなっていくものなのです。待つこと、おねしょがあるのがうちの子の体質」とでも考えて、順調になるのをのんびり構えて待ってあげてほしいものです。おねしょを気にやむより、もの干し、洗濯などの被害を少なくする工夫や、イライラしない方法を見つけるほうに目を向けてみたらどうでしょうか。

失敗しなかったときには思いっきりほめてあげて、いっしょに喜ぶようにしましょう。そうすることが、ゆくゆくはスムーズにおねしょから卒業できることにつながっていくのです。

パンツやシーツに工夫してみよう

お母さんにとっては、ふとんや衣類をびしょびしょにされるのがいちばん大変なことですね。それにはたとえば、眠ってからそっとおむつをさしこむという方法や、眠るときだけはパンツを2〜3枚重ねてはかせたり、トレーニングパンツを利用する方法もあります。また、外側が水を通しにくい素材、内側はおしっこを吸収する素材でできているおねしょパンツというものもあります。約200ccくらいまでは大丈夫と、トレーニングパンツよりも多量のおねしょを保っておくことができるものです。こういったものも上手に利用するのもいいですね。

パンツを工夫する以外にも、敷きぶとんをぬらさないように、古いバスタオルや毛布を子どもの腰に巻く、敷きぶとんの上にビニールや毛布を敷いてガードする方法（子どもにとっては寝苦しいようです）もあります。おねしょシーツ（防水シーツ）もあります。最近のおねしょシーツは以前のものより通気性がぐんとよくなっているので肌ざわりもよく、おしっこもがっちりガードしてくれるので、なかなか好評のようです。

水分、塩分も上手にコントロール

おねしょを予防するには水分を与えなければいいと考えて、極端な水分制限をするお母さんがいるかもしれません。たしかに、高熱のときや下痢をしたときのようにからだの水分が少なくなったときは、おねしょをしないということもありますが、寝る前に飲んだコップ半分の水くらいでは、ほとんどおねしょに影響することはありません。

ただし、習慣的に牛乳や水をガブ飲みしている場合には、やめさせたほうがよいでしょう。そのせいでおねしょがなくならないということも考えられます。また、あまりにもおねしょの量が多くて気になるようであれば、朝や昼に与える水分の量を多めにして、夕方からの水分の量はぐっと少なくするというようなコントロールをするといいと思います。

また意外に大切なのは料理の味つけです。味つけが濃すぎて塩分が多くなると、その塩分を排泄するためにおしっこの量がふえ、しかも水分を欲しがることにもなり、悪循環です。三度の食事はもちろんのこと、おやつも、塩分の控えめなものにしておいたほうがよいでしょう。

一日の生活リズムを規則正しく

おねしょに影響することで、毎日の生活のなかで気をつけてほしいこともあります。まずは生活のリズムを規則正しくするということ。早寝早起きを習慣づけて、昼間は元気いっぱい遊び、夜はぐっすり眠ることが第一です。寝る時間が不規則だと、抗利尿ホルモンが出にくくなってしまいます。規則正しい時間に寝て、しかもぐっすりよく眠ると、ホルモンも順調に出てきます。

また、食事のリズムもおねしょに影響します。特に夕食の時間が遅くなって、食べたすぐあとに「おやすみなさい」と眠ってしまうと、寝入りばなのおしっこの量を多くしてしまうのです。

食べてすぐ眠ると、頭は眠っていても、内臓のほうは消化・吸収のために活発に働いているわけですから、目覚めているような状態になっているのですね。抗利尿ホルモンは眠りが安定していてはじめて分泌されるものなので、からだが起きている状態では分泌されにくいのです。なるべくなら、夕食は少なくとも寝る3時間前までにはすませておきたいものです。

学童期のおねしょ（夜尿症）は、積極的に相談・治療を

５歳を過ぎてからも、毎晩たっぷりの量のおねしょをするようなら、一度、小児科医などに相談したほうがいいでしょう。小学生、中学生になるまで続く場合もあります。５～６歳を過ぎてもおねしょが続く場合は、「夜尿症」といって生活指導や治療が必要となってくることがあります。

学童期になって、夜間のホルモン分泌が少ない場合は、点鼻薬でたりないホルモンを補う場合もあります。ホルモンは順調に働いているのに、極端に膀胱が小さいために、おねしょをしてしまうということもあります。こういう場合は、小学生ぐらいになってから、膀胱を大きくする訓練や薬物療法を行います。これにより、膀胱が大きくなって、おねしょもなくなります。

参考

- **おねしょねっと**
  http://www.onesyo.net/
  著者が監修しているおねしょ関係のホームページ
- **ほあし子どものこころクリニック**
  http://www.hoashi-clinic.net/
  著者のクリニックのホームページ
- **新・おねしょなんかこわくない**
  ――子どもから大人まで最新の治療法（小学館）
  著者によるおねしょの本

うんちの気がかり
——うんちはおしっこより楽!?

うんちはいきみ、におい形があるから、わかりやすい!

赤ちゃんのときは、うんちといっても比較的水っぽくやわらかいので、自分で意識しなくても知らないうちに出てしまいます。それが離乳食の後半に入った乳児期後半から幼児期になると、うんちはそれまでの水っぽいものからだんだんかたくなっていきます。かたくなってくるということは、いきまないと出にくくなるということ。この点が重要なポイント、おしっことはいちばん違うところです。

いきまないと出にくいから、子どもはうんちを自覚しやすく、お母さんも子どもがうんちをしているのをキャッチしやすいわけですね。形もはっきりしているし、においもあるので、うんちを『して、見て、聞いて』理解することは、おしっこよりも簡単なのです。しかも、いきんでから実際に

うんちを出すまでにはある程度の時間がかかりますから、このあいだにトイレやおまるに誘うこともできるわけです。

そのため、うんちはおしっこと比較すると、あまり意識しなくても自然にトイレでできるようになるケースが多いのです。1歳前後になってくると、おしっこにくらべて一日1〜2回と回数も少ないうえに、する時間帯もだいたい決まってくるからなのですね。

したがって、うんちのおむつはずれを始める時期についても、お母さんによって、おしっこのトレーニングの前にとりかかる人、おしっこが完了してからとりかかる人、おしっこと並行して行う人など、さまざまなようです。

まず覚えるのは、うんちをすること

おしっこのトレーニングでは、子どもがおむつをはずした状態でおまるやトイレでおしっこをしたときに「チーだよ」と言葉がけをしてあげることがとても大切なことでしたね。うんちの場合もそれと同じことがいえます。

うんちのトレーニングも、おしっこの場合と同じように、最初からおまるやトイレでさせようと、場所にこだわっては失敗のもと。まずは、うんち

をすることを覚えることから始めます。

子どもが、うんちが出る前の感じを自分で感じ取って顔をしかめたり、「ウーン」といきんだりしてうんちを出すことができるようになれば、第一段階終了です。うんちが出たら、「うんちが出たね」と声をかけてあげることも大切です。そして、キレイキレイしようねとおしりをぬぐってあげましょう。

もしも、トイレやおまる以外の場所で出してしまってもしからないで。「ほら、うんちだよ」と教えてあげるくらいのゆとりで接してください。言葉がけをしてもらったことで、子どもも、これがうんちなんだ、とわかってきます。

自分の意思でうんちができるようになったら、今度はリズムをみながら、うんちの出そうなとき=いきみの動作などを見せたときにトイレやおまるに誘います。

このときのお母さんの誘い方が重要なのです。「ウーン」といきんでうんちを始めたとたん、「それ〜!」とばかりにおおげさに騒いだり、あわてて「待って、待って! トイレでしようね!」なんて、大声をあげながらトイレやおまるに子どもを抱えていくと、子どもはびっくりしてうんちが止まってしまいます。

お母さんの気持ちはわかりますが、お母さんが騒ぎすぎると、子どもは何を騒いでいるのかわからず、びっくりしてしまっていきむ感覚がどこかへ飛んでいってしまいます。その結果、せっかく出かかったのに出なくなってしまうということにもなりかねません。あまりびっくりさせると、せっかくのリズムをこわすだけではなく、うんちをすること自体がいけないことのように思ってしまい、お母さんに隠れてうんちをする、などということになる場合も。

こういうときには、おむつやパンツをそっとはずして、やさしくトイレやおまるに連れていってあげてください。気持ちよくうんちを続けられるようにしてほしいですね。

もともとうんちをするということは、不快な状態から快適な状態へと移っていくための生理的なものなのですから、肝心なのは気持ちよくうんちができることです。まずはうんちをすることを覚え、そのあとでトイレやおまるでうんちをするということを覚えていけばいいのです。そして、終わったら「出たね」「キレイキレイしようね」などと、言葉がけをしながらふいてあげてください。

誘うのは、朝食のあとが効果的

いきみの動作が見られたら誘うということですが、お母さんがそのために子どものようすをずうっと注意して見ているというのでは大変。でもうんちの場合は、そんなことをしなくても誘いやすいタイミングというのがあるから大丈夫です。

一般的には食事のあとにうんちが出やすいので、そのときがねらい目です。食事をすると胃や腸の働きが活発になり、うんちがどんどん直腸や肛門へ送られてくるので、うんちを出したい感覚＝便意を感じやすくなるからです。特に、同じ食後でも、朝食のあとがいちばん出やすいようです。大人の私たちでもそうですが、これは長い睡眠のあとに初めて食事の刺激がおなかにくるため、胃や腸の運動が大変活発になるためです。

食事の時間が長ければ食事中から、ということもありますが、たいていは、直後に便意をもよおす場合が多いもの。うんちを習慣化させるということから考えても、朝食のあとにトイレやおまるに誘ってみるのが効果的です。はじめのうちは、食事中に便意をもよおすこともめずらしくありません。そのときには、ガマンさせずにうんちにつきあいましょう。

うんちのリズムは子どもによってさまざま。1日1回の子どももいれば、日に2〜3回する子もいます。そうかと思えば、2〜3日おきにしかしなくて、便秘ではないかと心配になる子もいます。したくないときに誘われても、子どもも迷惑なだけですから、誘うときは、その子のうんちのリズムに合わせて誘いましょう。

おしっこはうまくいっているのに なぜうんちはパンツ…?

いきみも、においも、形もあるうんちのトレーニングはやりやすいもの。おしっこのトレーニングのついでにできてしまうことも多いでしょう。でも、なかには、おしっこはトイレでできるのにうんちだけはパンツに…という場合も少なくありません。

それでは、この『パンツにうんち』についてみていきましょう。

パンツにうんち・その1 スタイル

ほとんどの家庭のトイレは洋式になり、トレーニングに小児用便座を使ったり、あるいは、何も使わないで大人用に座らせてするというお母さんもふえてきました。そうすると、便座に座っても

足が床に届かず、立っているときのように上手にいきめないのですね。うんちをするにも力が入りにくいことがあります。

いきまないとうんちは出ないのに、トイレではいきめない。だからついつい、テーブルに手をついてとか、扉やカーテンの陰に隠れていきんでしまうのです。そんなときはおまるに誘うようにしてもいいでしょう。

いきめないことが原因と思われる場合には、子どもがいきめるよう工夫してあげることが大切です。月齢とともにいきみ方も上手になりますから、そう心配しないで待ってあげてください。

パンツにうんち・その2 場所みしり

うんちをすることはよくわかっていて、いきむのも上手にできる。おしっこは問題なくトイレでできるのに、3歳になっても4歳になっても、どうしてもうんちはパンツの中にしかできない、という子もいます。

これは、一種の場所みしり。トイレとかおまるという場所にこだわっているだけで、そんなに心配することはありません。大人でも、場所がいつもと違うと排便しにくい、ということがよくあります。極端な場合に、旅行中にはすっかり便秘に

なってしまったということもありますよね。

　場所みしりの多くは、子どもがいきんだときに、「あーっ、待って待って、トイレに行こうね！」と言ってびっくりさせたり、失敗したときにきつくしかりすぎたりしたことが原因で起こります。

　トイレやおまるでうんちができなかったことを、しかりすぎてはいけません。子どもにはうんちをする『場所』に、最初からそうしたこだわりをもたせないことが大切なのです。うんちを出すということは、本来とても快適なプロセスであるはずなのに、子ども自身にこだわりをもたせてしまうと、ますますトイレやおまるではできなくなってしまいます。お母さんに見えない扉の陰や、部屋の隅に隠れてしてしまったり、ひどい場合はうんちをしちゃいけないと思って、ガマンしすぎて便秘になってしまう場合もあります。

　お母さんに隠れてしてしまう子も、自分で便意を感じ、自分で効果的にいきんでうんちを出しているのです。つまりする『場所』だけの問題なのですから、そこまでは自立したんだねと、ほめてあげましょう。あせらずに、長い目で見守ってあげていれば、場所みしりの問題は自然と解消されていくはずです。

うんちのかたさが影響することも

うんちがかたすぎたり、やわらかすぎたりするために起こる問題があります。うんちのかたさは、もちろん子どものせいではありません。これにはお母さんの受け止め方も大切。すぐにうまくいかなくても、イライラしないでのんびり進めていくようにしたいものです。

かたすぎると

うんちがかたすぎると、いきんでもなかなか出ないので、排便のリズムもくずれてしまいます。そのため、いきみやすい場所でいきんで、パンツの中にうんち、となることがあります。

こういう場合はまず、食事の工夫でうんちをやわらかくする必要があります。

野菜や寒天といった海藻類など、繊維質を多く含んでいるものをたくさん食べさせることです。くだものも、その中に含まれている果糖が腸の中で発酵して腸の運動を活発にする効果があるので、積極的に食べさせるといいでしょう。タンパク質は、うんちを粘土のようにかたくしてしまうので、あまり食べすぎないように気をつけましょう。

また、腸の筋肉が弱くて、うんちの送りがスム

ーズにいかないために、うんちがかたくなる場合もあります。食事に気をつけるとともに、外遊びをいっぱいしてからだや筋肉を鍛えることも忘れないでください。

うんちがかたくて出にくいために、いきむことをしないのが続くと、うんちが腸の出口(直腸)にひっかかったままになって、便意を感じるところが、だんだんにぶくなってしまうことがあります。そのために、子ども自身が気がつかないうちに、パンツの中にコロコロとうんちが出てしまう、というトラブルもあるのです。

また、うんちがかたいのにいきんだりすると、肛門に亀裂を生ずる危険も。そうなると当然痛いわけですから、それ以後便意をもよおすと、うんちをすること自体がいやになって、無意識のうちに逃避してしまうおそれもあります。

かたすぎるうんちには、食事や運動の面で気をつけてあげることが大切です。

やわらかすぎると

次に、うんちがやわらかすぎるために起こるトラブルをみてみましょう。これは、子どもが便意に気がつきにくいということです。うんちがやわらかすぎるために、子どもがいきまなくてもスッ

と出てしまうのですね。そうするとお母さんも気がつかず、誘うことができにくくなってしまいます。その結果、知らないうちにパンツの中におもらししてしまうことに。ちょうど、下痢のときにもらしてしまうのと似ていますね。また、やわらかいうんちは回数が多くなりがちで、1日に何回もパンツを汚してしまうこともあるでしょう。

そういった子は、もともとほかの子どもとくらべて、腸の働きが非常に活発なのではないかと考えられます。この場合、かたすぎるうんちをやわらかくするのと違って、食事や運動でかたくするのは難しいかもしれません。でもご心配なく。便意に気がつきにくいとはいえ、まったく便意がないわけではありませんから、きっかけはつかみにくいでしょうが、おしっこのトレーニングができるぐらいに脳が発達していれば、うんちについても自然と理解できるようになってくるはずです。やわらかいうんちの子も、遅くとも小学校に上がるまでにはかたくなるので、心配することはありません。

しかってしまうとこじれるだけ

うんちの場合は、おしっこにくらべて形やにおいがはっきりしているので、子どもが理解しやすいということははじめにお話ししました。しかし、これをお母さんの立場に置きかえてみると、においが強い、トイレやおまる以外の場所で出してしまった場合のあと始末が大変などの問題から、おしっこの場合にくらべて、失敗したときについつい子どもをしかってしまう機会が多くなるのも事実でしょう。

子どもにとっては、これまでおむつの中に立ったままいきんで出していたのに、急にトイレやおまるにしゃがんでうんちを出さなければならないのですから、すぐにうまくいかなくても当然です。トイレやおまるになじめないのも、考えてみればもっともなこと。場所みしりをはじめ、うんちがうまくいかないというトラブルの多くは、そうしたときにお母さんがしかりすぎてしまったためにこじれたというケースのようです。

しかりすぎは、かえって逆効果。失敗するたびにいつもきつくしかっていると、子どもはうんちをすること自体、悪いことだと思いこんでしまいます。お母さんがひとりであせってはいけません。

思いきってしばらくお休みしても

なかなかトイレ誘導がスムーズにいかない場合は、思いきっていったん中断してみましょう。無理じいせずに、子どもが自然にできるようになるまで待ってもよいと思います。しばらくはトイレやおまるのことにはふれずに、十分にスキンシップでのかかわりを親子で楽しんで、すっかり安定したころを見計らって、それとなく再び誘ってみましょう。

ときどき「トイレでしようか」と誘ってみたり「3歳になったら、トイレでしようね」ときっかけを与えたり、「お兄ちゃんやお姉ちゃんみたいに、トイレでしてみようか」などと声をかけるのもいいですね。特にまねをするのが大好きなころなので、お兄ちゃん、お姉ちゃんやお友達がトイレでうんちをするのを見せてあげるのは大変いい方法だと思います。

結局は、子ども自身がトイレでうんちをしようと思わないことには、どうしようもないのです。子どもといっしょに悩みながらも、しかることはしないでください。それより、なんとか工夫しながら、できたときにこそ大いにほめてあげる。その姿勢を忘れないで。

お母さんとしては、けっして先を急いで、あせったりイライラしたりすることのないように。いずれ、できるときがきますから、子どものリズムに合わせて、のんびり構えていることが大切です。

第4章

おむつはずれでイラつかない！
——にこにこママへの道

ここでは肩の力を抜いて。お母さん自身の気持ちが、
おむつはずれの進行にとても重要なのです。

「ちょっと知らせてあげる」だけ

子どもの気持ちに寄り添いながら

多くのお母さんにとって「おむつはずれ」は、子育ての中で最もハードルが高く、苦労することのひとつとよくいわれています。でも実は、そんなことはありません。

すでにお話ししましたが、子どもはもともと、生まれながらに排泄することができています。したがって、おむつはずれというのは、おしっこやうんちを下着の中でしていた状態から、トイレやおまるでするようにしていく、つまり、排泄する場所だけを教えてあげることなのです。もともと、排泄が自立している状態を、大人の都合で汚されたくないからと「おむつ」で隠してしまって、つけてしまったおむつをはずすために、あらためて苦労しているのですね。

子どもはもともと生まれながらにして排泄ができていて、おしっこや便がたまって生理的に不快な状態から、おしっこやうんちをすることによって快適な状態になることを知っています。したがって、おむつはずれは、トイレやおまるでおしっこやうんちができるように、お母さんがその道筋をちょっとつけてあげることだけなのです。おしっこやうんちは、おまるやトイレでするものなんだよ、ということを知らせてあげるだけ。それがおむつはずれなのです。そう考えると、ずいぶん楽になるのではないでしょうか。

無理やりにおむつをはずそうと意気ごむと、子どもは混乱してしまいます。快適な状態にするための排泄が、怒られたりして不快な状態になって、その混乱が足踏み状態となり、スムーズにゴールに入れなくなってしまいます。

肩の力をぬいて、子どもに排泄を強制したり、しかったりしないで、子どもの気持ちに寄り添いながらゆっくり歩んでいきましょう。

ちょうど重なる「反抗期」

親子の関係がくずれる時期

この時期の子どもの成長からいえば、いちばんおむつはずれと重なりやすいのは、反抗期、だだこねですね。2歳〜2歳半の時期には自我が出てきて、おむつはずれを始めようかなと思う時期と一致することが多いのです。

お子さんのわがままや大泣きなど、親子の関係がちょっとこじれやすくなる時期とぶつかることも少なくありません。そうすると、お母さんがトイレに誘ったり、おむつがぬれているのでかえてあげようとするときに、すごく抵抗したりということも…。

ただでさえ反抗的な態度をとられがちなこの時期に、大きな節目でもあるおむつはずれを始めるわけですから、思ったようにうまく進まなければ、お母さんがイライラしてしまうのはあたりまえかもしれません。そのようなときには、どうすればよいのでしょうか。

思いっきり子どもと遊んで

もともと子どもは排泄を知っているのに、おむつで覆ってしまったため、子ども自身にも排泄したことがわかりにくくなってしまったのですね。ですから、おむつをはずして、「あ、おしっこだ」という実感を、おまるやトイレに座って感じさせてあげることも、とても大切なことです。

そのためには、出たときの声がけが重要。おまるやトイレでおしっこやうんちができたときには、思いっきり「でたね！　えらかったね～！」と喜んであげてください。子どもは、そのことが何かすごくいいことだ！　と思い、またほめてもらいたくなって…。そうすると、いい親子関係もはぐくまれていきます。おむつはずしのポイントは、うまくいったときに、ほめて、ほめて、ほめつくすことです。

でも、なかなかおまるやトイレでしてくれない、うまくいかなくて、お母さんがイライラしてしまうことも多いと思います。そのようなときには、思いきってサッと後ろに引く。つまり、おむつはずしを中断することです。そして気持ちを切りかえ、思いっきり子どもとよく遊んでください。1～2ヵ月間、おむつはずれをしばらく休んで、いっしょにふざけて、いいかかわりに戻してから、あらためてスタートしましょう。せっかくここまで頑張ったのに、中断したらまたゼロからのスタートに戻ってしまう…、などと心配する必要はありません。

普段の生活で、お互いににこにこできるようないい親子関係を大事にしていれば、自然にうまくいくようになりますよ。

ひとりで悩まないで

ぐちることも大切です

おむつはずれがスムーズにいかずに、イライラしてしまうときには、ひとりで悩まないことです。父親にその悩みをうちあけるのもよいでしょう。父親に「育児は母親の仕事、会社から疲れて帰ってきたときにごちゃごちゃ言わないでくれ」と冷たくされることもあるかもしれません。そのようなときには、あまり見栄など気にせずに親や友達にぐちることも大切です。あるいは、休みの日に父親に数時間あずけることもひとつの方法です。そのときには、父親の好きなスイーツなどをおみやげにすることを忘れないようにね。

最近は、保育所で、理由に関係なく一時保育として数時間子どもをあずかってくれるところもあります。2〜3時間、自由な時間、ひとりの時間をもつこと、ある意味ではママのリフレッシュ休暇のようなものですね。商店街をぶらついたり、デパートの好きなフロアで夢をふくらませるのも

よいでしょう。あるいは友達とティータイムを楽しんでもよいと思います。

このように、器用にさまざまな子育て支援事業を利用してみてはいかがでしょうか。

いつか必ず自立します

一般的な育児のイメージとして、おむつはずれは、離乳食の次にとても大きなハードルになっているようです。まわりのママに「うちの子、もうおむつはずれたわよ」と言われるとショックを受け、まるで自分が育児の下手な、ダメなお母さんのように思えたり、あせってしまいますよね。

お母さんたちには、おむつはずれはとても難しいと思われがちなのですが、これまでお話ししてきたように、実は非常に単純なことなのです。

大切なのは、人に惑わされないこと。たしかにまわりの親子は気になりますが、人は人、自分たちは自分たち。行きつ戻りつだとしても、遠からず必ず自立します。というより、何度もいいますが、もともと自立しているものを、排泄する場所を教えてあげるだけのことなのです。そのことを忘れなければ、きっとうまくいきますよ！

第5章

みんなのおむつはずれ

ひとすじ縄ではいかないけれど、みんなくねくね道をたどりながら、
しっかり前に進んでいます。

おむつはずれ わが家の場合
保育園に行きはじめたら編

やっぱりすごい！お友達の力

大翔《ひろと》くん（3歳2ヵ月）

基本データ
お母さん―中島雅代さん
大翔くん―平成17年4月17日生まれ
3歳2ヵ月（平成20年6月現在）
紙？布？―紙おむつ

用意したもの
●おまる（補助便座）
●トレーニングパンツ ●おねしょパッド
おまるは現在は補助便座として使用。
夜はおむつなので、おねしょパッドは結局使っていない…。

トイレの工夫
●カレンダーにシールを貼る
●パパの「シュワッチ!」

スタートのきっかけ

平成18年の秋、大翔くんが1歳半のころに、遊びに来た同じ月齢のお友達に「トイレ貸して！」と言われてびっくりしたというお母さん。まだまったく考えていなかったそうですが「まずはおまるを買いました。その子はもうおまるじゃなくてトイレだったんです。あせったというか、もうやってるんだ、と」。とりあえず、朝だけ座らせてみることから始めました。

「寝起きなどに『トイレに座ろうか』と誘って、タイミングが合えばけっこう出ていたんです。最初はよくわかっていなかったようでいやがらなかったんですが、だんだんといやがって座らなくなっちゃって…」。その時点で成功したのはおしっこだけでした。

冬を迎えるころ、一時中断

寒くなり、冬を迎えたころには、おまるをいやがるようになった大翔くん。

「おまるはリビングなどに置いていたんですが、それでも寒かったんでしょうね。いやがる理由がよくわからなかったけれど、とりあえず寒いのかなと思って」ちょっとお休み。紙パンツや普通のおむつに戻しました。「出たときには『すごいね！』とほめていましたけど、ただいやがらないで座っていたというだけで、ホントに偶然というか、運がよければ出るという感じだったんです。まだそ

「できた!」トイレのカレンダーに、シールを貼っているところ。

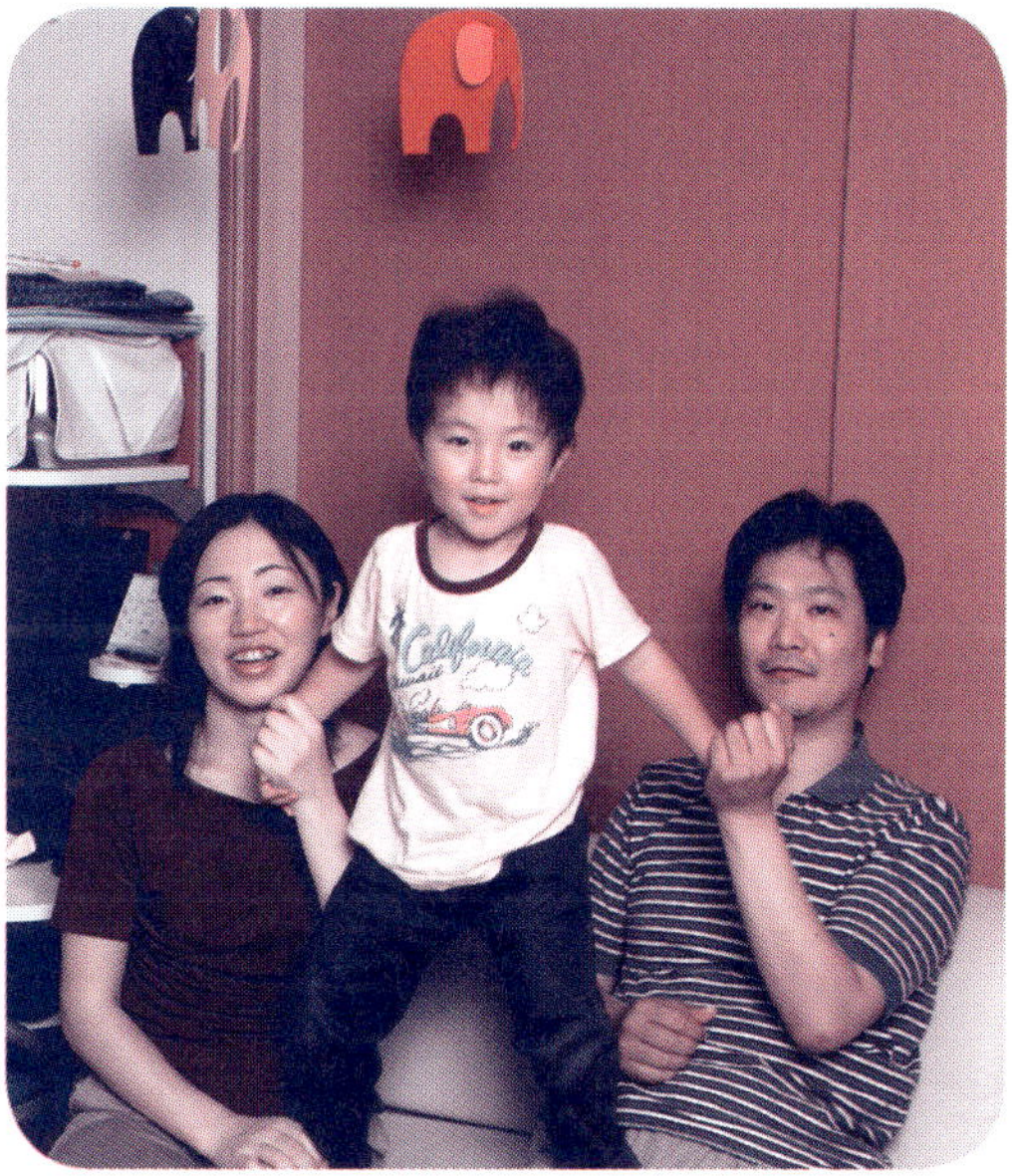

お父さん（尚志さん）とお母さんに囲まれ、ゴキゲンな大翔くん。

んなに進んではいなかったし、『おむつはずれは夏がいい』と聞いたことがあったので、また暖かくなったら始めようと思ったんです」とお母さん。

保育園に入園して

2歳になった春から、大翔くんはお母さんの仕事の関係で保育園に通うことに。それまではずっといっしょにいたので、お母さんと離れるときにはすごく泣いていたそうです。

そのころにはけっこうお話はできていたものの、おむつはずれのほうは全然やっていませんでした。「トレーニングパンツを用意して保育園に持っていったら『まだちょっと早いからおむつでいいですよ』と言われたんです」。それからはお母さんの仕事が忙しくなり、朝にトイレに座らせる時間もとれず、しばらくは止まっている状態に……。

再開したのは、秋から冬にかけての2歳6ヵ月ごろ。保育園で、仲よしの1歳上の男の子のトイレに「ひろくんも!」とついていくようになり、保育園の方から「始めましょうか」と言われました。「それで、またパンツを持たせたんです。それからは家でも連れていくようにしました」。お友達のトイレはやはり、よい刺激になったようです。

「みてみて!」自分でばっちりはけるんです。

パパに抱っこされ、ウルトラマンのように「シュワッチ!」と2階のトイレへ。なんとも楽しそうです。

うんちはほぼ完璧。おしっこは…?

「今は、『ぽんぽんが苦しい』とか『うんち出る』とか、うんちは教えてくれます。ギリギリのときもありますが、だいたいまにあう感じですね。でも、おしっこはなかなか…」。とお母さん。うんちはほとんどもう完璧だそうですが、「おしっこ出る!」というときには、すでに出ていることが多いそう。「今は、昼間はトレーニングパンツ、夜はおむつ。おむつのときには「出た」とは言わないですね。トレーニングパンツのときはパッドもしていないので、出てしまうとズボンまで全部ぬれてしまうんですよね(笑)」

朝はパパにおまかせ!

そんな大翔くんは朝、パパにトイレに連れていってもらうそう。「1階の寝室のすぐ近くにトイレがあるんですが、朝だけはなぜか2階に行くんです」。2階には補助便座がなく、1階には補助便座があるのに、なぜ…? 「パパに抱っこされて、大好きなウルトラマンのように『シュワッチ!』と2階に連れていってもらうんです。パパがいないときには『2階で』とは言わないんですよ(笑)」。保育園でも、わざわざ補助便座がないトイレに行きたがることがあるという大翔くん。大翔くんのこだわりなのでしょうか。

「あとは、出たら普通のカレンダーに、付録などでついてきたシールを貼っています」とお母さん。気分をのせてトイレに連れていく作戦のようです。

お母さんがイライラしたとき

最近はけっこうしゃべれるようになり、トイレに誘っても「出ないよ」とか「やだ」とか言うようになった大翔くん。でも、その直後に失敗ということもあり、つい「だからトイレに行こうって言ったじゃない！」と言ってしまうこともあったそう。また、「保育園を出るときに『トイレ出ない』と言ったのに、帰ってくるあいだに車のチャイルドシートにジャーッとされちゃうと…。そのときには怒っちゃいます」とお母さん。しゃべれるようになったからこそ、難しい部分があるのかもしれません。

今では、服を脱いだり着たりすることも自分でできるようになった大翔くん。これからの成長が楽しみです。

大翔くんのおむつはずれストーリー

1歳6ヵ月(秋)

遊びに来た同じ年のお友達に
「トイレ貸して!」と言われ、お母さんびっくり!
おまるを購入。
朝だけちょっと座らせてみる。
はじめはいやがらず、タイミングが
合えばおしっこは出た!
が、しだいにいやがるように…。

↓

1歳8ヵ月(冬)

いやがるのでストップ。

…寒かったせいかな? 紙パンツ・おむつに戻す。

その後はトレーニングせず。

↓

2歳(春)

保育園入園。

「おむつでいいですよ」と言われ、そのまま過ごす。

↓

2歳6ヵ月～(秋～冬)

保育園で、お友達のトイレに
ついていくようになり、
保育園から「始めましょうか」と言われる。

↓

3歳2ヵ月

「ぽんぽんが苦しい」「うんち出る」など、
うんちは教えられる。
おしっこは「出る!」といったときには
もう出ていることが多い。

おむつはずれ わが家の場合

ふたりが「おしっこ〜!」大変さは2倍以上!?

ふたごちゃん編

綾菜《あやな》ちゃん・結菜《ゆいな》ちゃん（2歳10ヵ月）

基本データ

お母さん―柏美和さん
綾菜ちゃん・結菜ちゃん―
平成17年7月20日生まれ
2歳10ヵ月（平成20年6月現在）
紙? 布?―紙おむつ
布は、「洗っているひまがなさそうだったのであきらめた」とのこと。

用意したもの

●おまる ●補助便座 ●トレーニングパンツ
高価なトレーニングパンツはオークションなどで安く購入。しかしもれるので、すぐに普通の布パンツに…。

トイレの工夫

●押すと音が出る、トイレ用のおもちゃ
はじめは「会いに行こうかー?」と言うと効果があったが、そのうち同じに…。

スタートのきっかけ

平成19年の3月、1歳8ヵ月のころに、リサイクルショップでおまるを購入。同じ年の親戚の子がおまるを買ったのがきっかけでした。本人たちはもちろん意味もわからず、乗り物で遊んでいるようでしたが、お母さんが座らせたのは起きたあとや食事のあと、出かける前など、生活の節目でした。

「育児雑誌を読んでいたので、『生活の節目で誘う』『出たらほめる』といった知識はあったんです。あとは、同居しているおばあちゃんからの『もう2歳だし、ふたりいるんだから早くやっちゃいなさい』というアドバイスもあって…」

まさに「みんなで子育て」。おばあちゃんは今でも心強い味方だそうです。

「お風呂でおしっこ」がチャンスに

出ないとは思いつつ、おまるに座らせて2〜3ヵ月ほどたったあるとき、綾菜ちゃんがお風呂でおしっこ。それを機に、結菜ちゃんもおしっこをするようになりました。これはチャンスとお風呂の前にトイレへ。すると、偶然にもおしっこが出ることが!

「出るー!」という声に、お母さんが急いで持っていったおまる。力みやすいせいか「うんちはおまる」が多かったそう。カーペットは汚れたら捨てられるよう、部分的に取りかえできるタイプに。

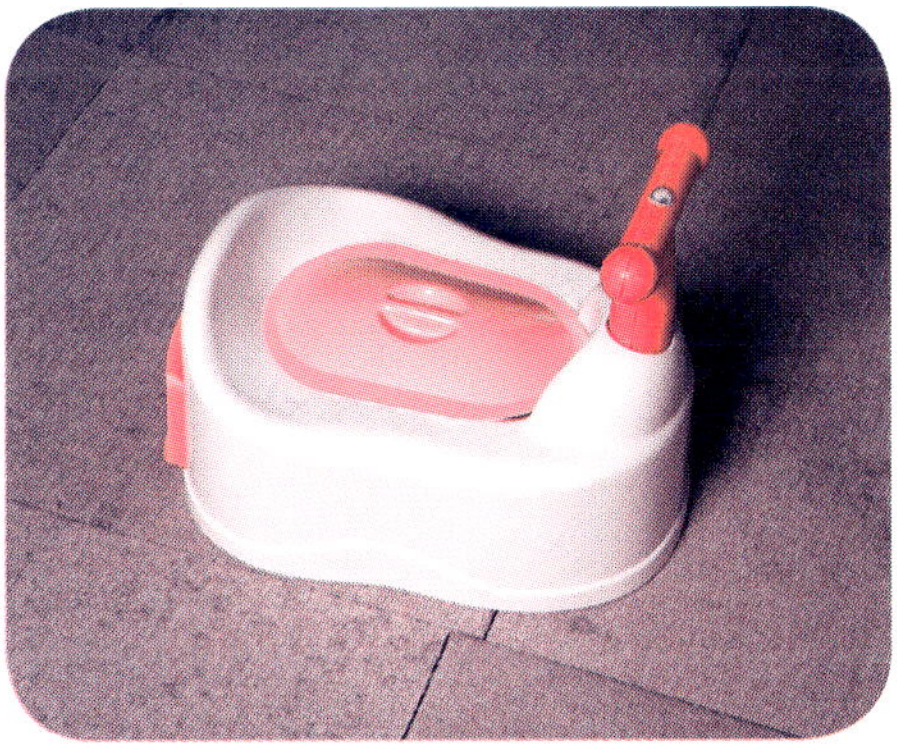

綾菜ちゃん(左)と結菜ちゃん。
出産前に二卵性双生児とわかったときには「とにかくびっくり!」したというお母さん。

『これがおしっこだよー！　気持ちよかったでしょ』と大げさに盛り上げたら、にっこりしていました」

　ふたりともトイレには抵抗がなく、補助便座に座れるようになったこともあり、それから少しずつ成功するようになりました。ちょうど夏だったので、お母さんは公園でも布パンツ一丁で遊ばせていたそう。

「そのころまではふたりとも同じような感じだったんですが、そのあとに、結菜のペースが遅れてしまったんですよね…」

ふたりのペースに違いが…

綾菜ちゃんは、秋には「誘えば出る」ように。昼間は布パンツでいられるようになり、冬ごろからは、夜も完全に布パンツになりました。一方、結菜ちゃんは誘う前やあとに出てしまうこともあり、タイミングがつかめなかった、とお母さん。

「綾菜と結菜は、成長が1ヵ月くらい違うんです。歩くのも綾菜のほうが早かったので、『おむつもそのくらいかな』と思っていたら、全然違って（笑）」

　結局、結菜ちゃんは4月くらいから「昼間は布パンツ」に。昼寝のときと夜は、おむつをしてい

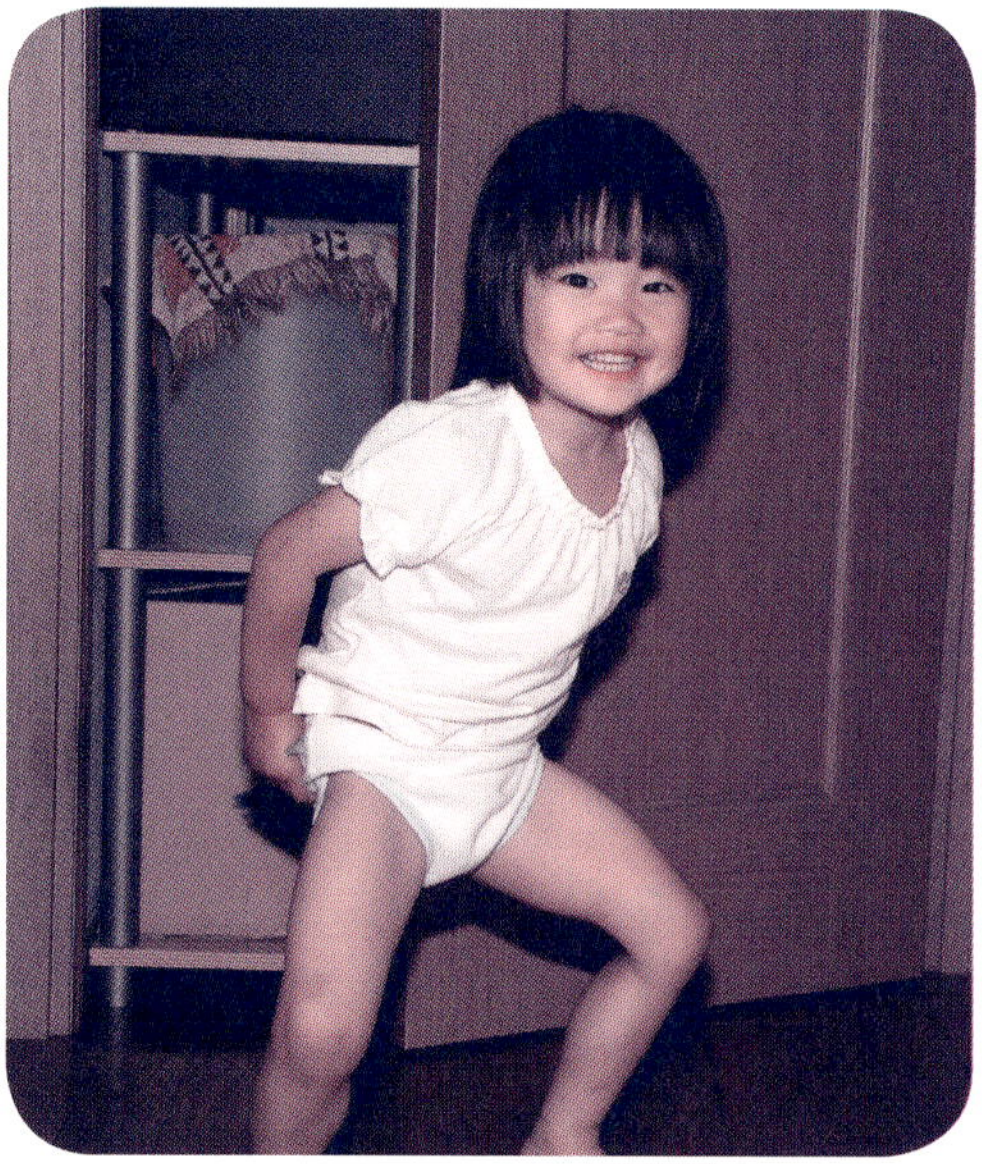

「ひとりではけるよ!」と結菜ちゃん。
お母さんいわく「マイペースで、綾菜のことをまねして習得しているみたい」。

なんでもひと足早かった、あねご肌の綾菜ちゃん。「仕切りたがるタイプ」とお母さん。

るそうです。
子どもはそれぞれ。ふたごといえども、もちろん一律ではありません。

お母さんが大変だったこと

気が短くてイライラしやすいというお母さん。順調だった綾菜ちゃんにはストレスは感じなかったそうですが、マイペースな結菜ちゃんを、ときにはたたいてしまったことも…。

「『おしっこはどこでするの!?』と聞くと『(トイレをさして)ここ!』って。わかっているのにトイレとは言わないんです。それがまたイライラして。そうすると綾菜が横から『トイレでしょ』って(笑)」

また、トイレに行く回数が単純に多くなるという、ふたごならではの苦労も。

「家ではともかく、ふたりを連れて出かけたときには、同時に『おしっこ!』と言われるのも、ひとり終わってトイレから帰ったあと、もうひとりに『おしっこ!』と言われるのも大変でした(笑)。間隔が短いころにはトイレまでまにあわず、排水溝でおしっこをさせたことも…」

想像するだけでも大変! ようすが目に浮かぶようです。

綾菜ちゃん・結菜ちゃんのおむつはずれストーリー

1歳8ヵ月（春）

同じ年の親戚の子がおまるを買ったとの情報が！
リサイクルショップでおまる購入。

1歳9ヵ月（春）

起きたあとや食事のあと、出かける前などに座らせてみる。

1ヵ月出ず…

2〜3ヵ月後（夏）

綾菜ちゃん、結菜ちゃんが
「お風呂でおしっこ」ができるように！
続いて、お風呂の前にトイレでおしっこすることに成功！
『これがおしっこだよ〜〜〜〜〜!!!』

ここまではふたり、同じペース

2歳2ヵ月（秋）

綾菜ちゃん　昼間は布パンツ！　誘えば出る状態に。
結菜ちゃん　誘う前、誘うあとに出ちゃう…タイミングつかめず。

2歳4ヵ月（冬）

綾菜ちゃん　夜も布パンツに！
結菜ちゃん　おむつをはきながら時間を見計らってトイレへ。

2歳8ヵ月（春）

綾菜ちゃん　夜も布パンツに。順調！
結菜ちゃん　昼間は布パンツ！　誘えば出る状態に。

2歳10ヵ月

綾菜ちゃん　一日じゅう布パンツ。おむつ卒業！
結菜ちゃん　昼間は布パンツ！ 昼寝と夜だけおむつに。

卒業まであとひと息、かな!?

綾菜ちゃんは、今ではすっかりおむつは卒業。起きたときにトイレへ連れていく必要もなくなりました。結菜ちゃんも、最近は起きたときに「チー出る」と言ってくれるそう。「結菜もおしっこは教えてくれるようになりましたが、ぐずって泣いているときや夢中で遊んでいるときには、出てしまうこともあります。うんちは教えてくれることもありますが、まだカーテンに隠れてしたりしますね」

どちらにしても、結菜ちゃんも完了まではきっとあと少し。イライラせず、気長に見守りたいところです。

おむつはずれ わが家の場合 2人目は楽!?編

お兄ちゃんのときは大変だったけど…

幹《みき》大《ひろ》くん（3歳0ヵ月）

基本データ
お母さん―熊丸宣子さん
幹大くん―平成17年5月29日生まれ
3歳0ヵ月（平成20年6月現在）
紙？ 布？―紙おむつ

用意したもの
●補助便座 ●トレーニングパンツ
●おねしょパッド
おまるはリビングに置くのも抵抗があり、きれいにするのも大変かなと思い、使用せず。

トイレの工夫
●カレンダーにシールを貼る
●音の出る補助便座
水が流れる音、アンパンマンの音楽、そして、アンパンマンの声で「よくがんばったね!」「えらいえらい!」「上手にできたね!」などの音声メッセージが流れる。

お兄ちゃんのおむつはずれ

小学校2年生のお兄ちゃんがいるため、おむつはずれは2度目というお母さん。お兄ちゃんは1歳くらいまで布おむつを使っていました。「布のほうがおむつはずれが早いと思っていたので、さらしを手で縫って、洗って干してたたんで。1人目なのでけっこう頑張りました（笑）」

お兄ちゃんのおむつはずれは、1歳8ヵ月の夏にスタート。まわりにはすでにとれていた子もいたため、あせって始めてはみたものの、お母さんはまだ無理かなと思ったそうです。そこでいったん中断して、次の夏、2歳8ヵ月に再スタートしました。再開のきっかけは、その秋に迫った幼稚園の入園手続きに備えるため。思いきって中断したのがよかったのか、お兄ちゃんのトレーニングはその後は順調で、10月にはほぼ完了しました。

「お兄ちゃんのときは、私がおしっこのタイミングをなかなかつかめなくて。小声で、『シーだよ、おしっこシーだよ』と言いながら、ジャーッと水の流れる音を聞かせたりして、10分くらいトイレにこもったりしていたんです（笑）。今考えるとお

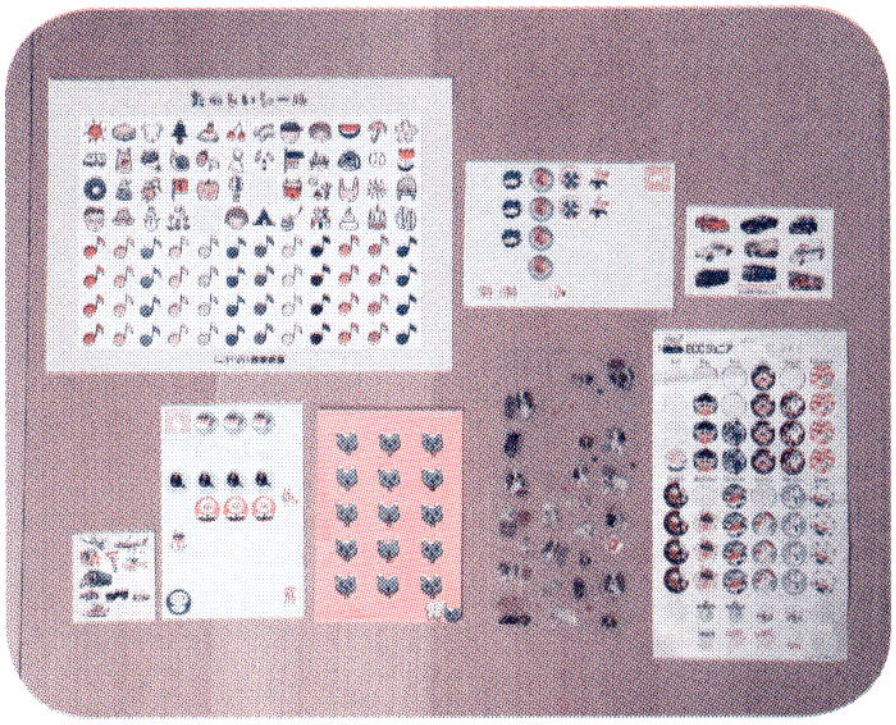

シールは買わずに、小児科でもらったものや雑誌の付録などをストックしています。

カレンダー。上のほうにも盛大にシールが！

お母さんと幹大くん、お兄ちゃんの滉大くん(7歳)。

かしいですけど、1人目のときは本当にどうすればいいのかわからなくて」

幹大くんのおむつはずれ

一方、生まれたときから紙おむつだった幹大くんのおむつはずれは平成19年の夏、2歳3ヵ月からスタートしました。きっかけはやはりお兄ちゃんと同じく、幼稚園の入園準備のため。ただし幹大くんはさらに小さい、年少の下のクラスへの入園でした。

まずは3時間おきにトイレへ座らせることから始めました。「どのシールがいい？」と、トイレのカレンダーに好きなシールを貼らせたり、家ではトレーニングパンツで過ごしたり。そのかいあって、10月（2歳5ヵ月ごろ）には運がよければトイレで成功するような状態になりましたが、やはりそれでも言わないことも多く、結局このときには、おむつ卒業とはなりませんでした。

そのあともおむつに戻したわけではなく、家ではトレーニングパンツ、外出時には紙のパンツ、近くの公園なら布パンツ、という感じで使い分けました。

「10月の入園試験が終わったら、もういいやという気持ちになって。4月の入園までにできたらいいかな」と、幹大くんのおむつはずれはだいぶ気が楽というお母さん。ゆったりした気持ちで過ごしていたようです。「トイレに行っておしっこが出なくても、じゃあまたね、という感じ。お兄ちゃんのときとは全然違いますね」。今回はなぜか、イライラすることもまったくないそうです。

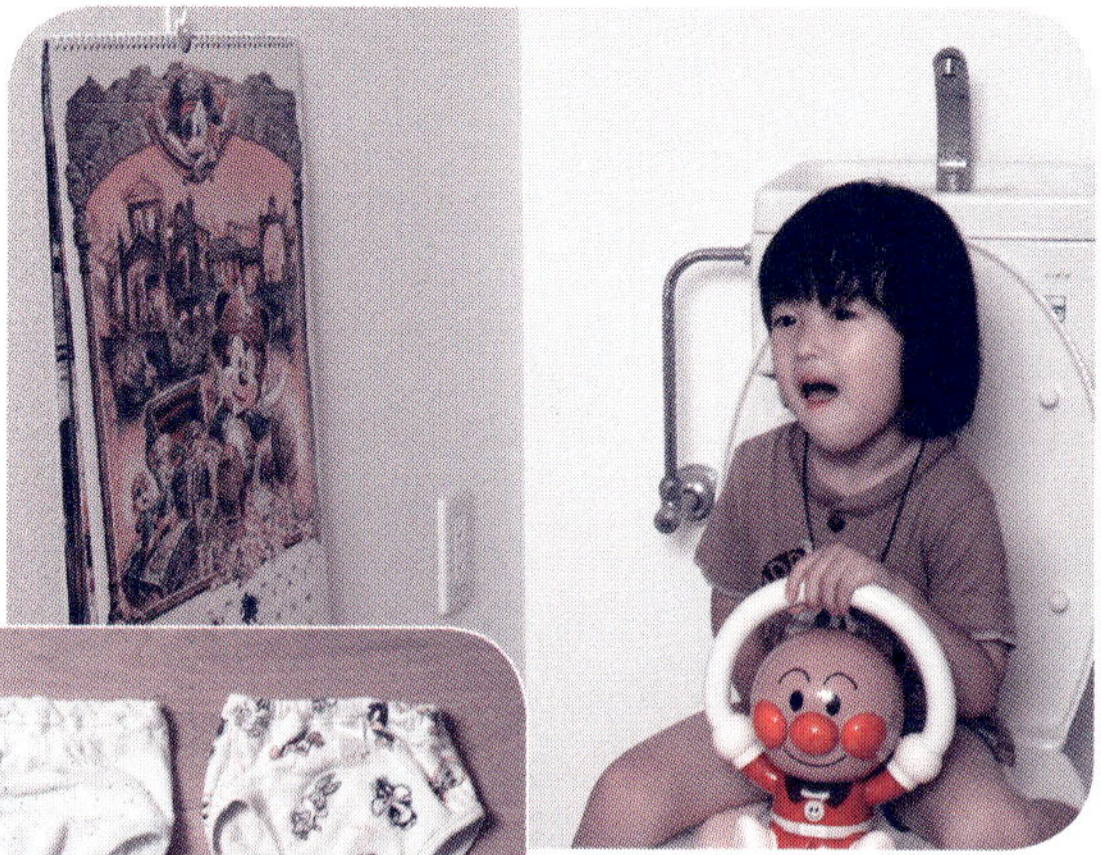

今ではばっちり!
の幹大くん。

きょうだいともに
大活躍したトレー
ニングパンツ。

うんちが先にできるように！

3月くらいから、うんちのトイレへ連れていくようにしました。タイミングはまず、ごはんのあと。すかさず、「トイレ行く?」と促しました。「うんちはいきんだりするからわかりやすくていいですよね。はじめは偶然が多かったんですが、『(補助便座の) アンパンマンが待ってるよ〜』なんて言って、急いで連れていったりしていました(笑)」

　幹大くんは入園間際の3月末ごろから、うんちのほうが先にできるようになり、その後まもなく、自分から「うんち！」と言えるようになりました。

　おしっこは、おむつの中でしたときに「おしっこ出た！」と言うように。お母さんは「(言ってくれて) えらかったね〜！　じゃあ今度は、トイレに行けるようにしようね！」と、「おしっこ出た！」と知らせてくれたことをほめるようにしたそうです。

2人目だからわかったこと

　おしっこは少し遅れたものの、入園前にはめでたく布パンツになった幹大くん。入園に際し、意外な注意点がありました。年少さんより小さいクラスのため、幼稚園でもお昼寝の時間があり「みんなで大きなマットに寝るので、ほかの子のためにもトレーニングパンツはやめてください」と幼稚園からの説明があったのです。

すでに布パンツになっていた幹大くんも、入園からしばらくは紙パンツで過ごしました。しだいに、寝ているときにも「おしっこ」と起きるようになり、園での紙パンツは1ヵ月ほどで卒業したそう。

今では、幼稚園でもトイレへ行っているという幹大くん。先生に促されたり、自分から行くこともあるそうです。「今はばっちりですね。夜中に起こされるのはかんべんして〜！　という感じですが、もらされるよりはいいです（笑）」

お兄ちゃんのおむつはずれの際には、何冊も育児書を買って参考にしたり、実際にはあまり役に立たなかった布のパッドを10枚も買ったり、という経験があったお母さん。だからこそ、弟の幹大くんのおむつはずれはスムーズに進んだようです。「イライラしてもしょうがないということを、2人目のおむつはずれをやってみてわかったんです。1人目のときには頑張りすぎちゃったんですね」というお母さん。今は、ゆったり子育てを楽しんでいるようです。

幹大くんのおむつはずれストーリー

2歳3ヵ月（夏）

3時間おきに補助便座へ座らせる。
シール を貼りにトイレへ。
何のシールを貼る？　どれがいい？

2歳5ヵ月（秋）

入園手続きのころ
運がよければ成功!
でも言わないことも多かった…失敗。
しつこくせず、「入園は決まったから、4月までにできればいいやー」。
家ではトレーニングパンツ、外では紙パンツ、近所の公園では布パンツを使い分ける。

2歳9ヵ月（春）

再スタート!
ごはんのあとにトイレへ誘いはじめる。
うんちのほうが先にできるようになり
あっというまに自分から「うんち!」と言えるように!

3歳0ヵ月

完全に布パンツに。おむつ卒業!
「夜中でも起こされます」

おむつはずれ わが家の場合

下の子が生まれたよ編

「おむつはずれ」は生活習慣のほんの一部

美咲《みさき》ちゃん（2歳10ヵ月）

基本データ

お母さん—牧野千恵さん
美咲ちゃん—平成17年8月13日生まれ
2歳10ヵ月（平成20年6月現在）
紙？布？—紙おむつ

用意したもの

●補助便座　●トレーニングパンツ
お兄ちゃんのときにはトレーニングパンツをほとんど使わず。補助便座も使いたくないのか、普通の便座をよじのぼって使用する。

トイレの工夫

●なるべく明るく、入りやすいように
●踏み台（トイレ内、電気のスイッチ、洗面所など）
●トイレ用の人形（通信教育の教材の付録。音が鳴るもの）

おむつはずれのイメージは？

おむつはずれというと「一日じゅうおむつのことを考えて、しからなくちゃいけないから大変」と思っていたお母さん。「2～3歳のときには、それ以外でも注意したいことがたくさんあるのに、それに加えてしからないといけないのはかわいそう」と思い、なかなか進まなかったそうです。そのため、お兄ちゃんの遥哉《はるや》くんのおむつはずれは2歳11ヵ月からのスタートでした。

「遅めでしたが、3歳になるし、まわりの小さい子もはずれているのを見てあせったんです。そしたら1週間もたたないうちにはずれて、夜にはだいたいおねしょをすると聞いていたけど、夜もおむつがいらなくて。3歳くらいからとったほうが逆に早くとれるのかなあと思いました。遥哉は言葉が出てくるのも遅くて、それこそ3歳になるくらいに出はじめたんですよ」。タイミングとしてはピッタリだったようです。

お兄ちゃんの経験から、美咲ちゃんのときにもあわてずに平成20年3月、2歳7ヵ月からスタート。しかしその前にも実は、何度かチャレンジしたといいます。

「美咲は言葉が早かったので、インターネットな

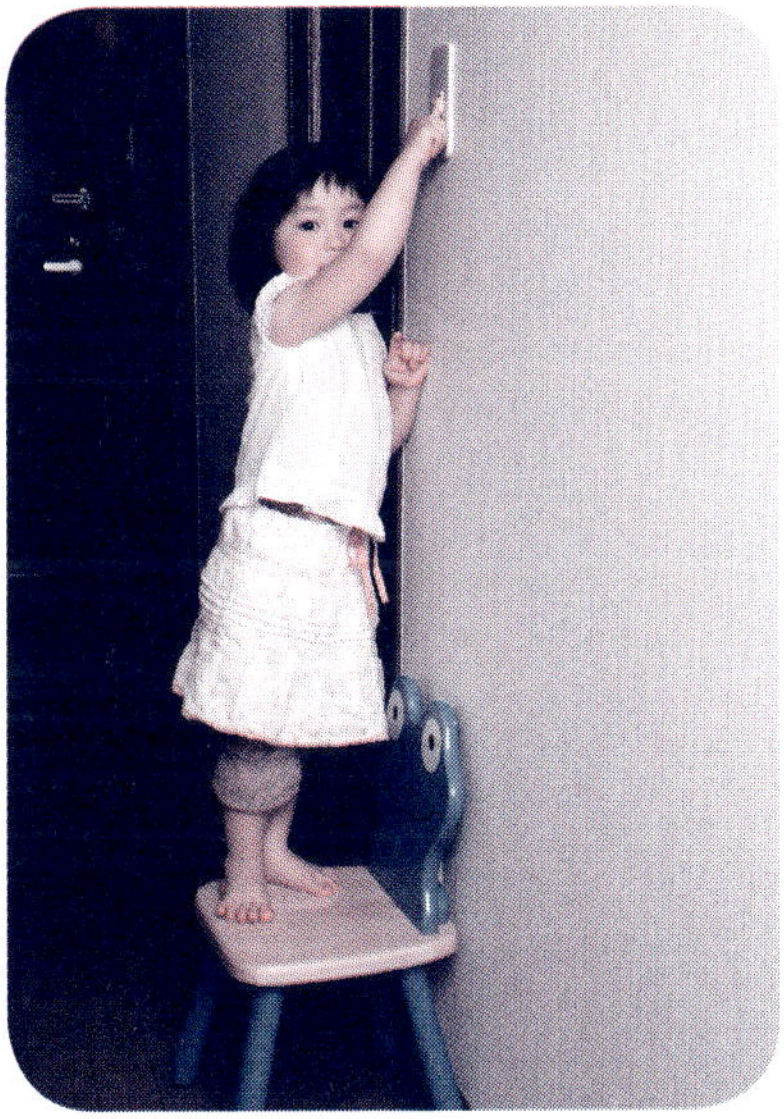

トイレの電気もこれでパチリ。自分でやらせる工夫です。

美咲ちゃんとお母さん、葵ちゃん（1歳1ヵ月）、遥哉くん（4歳）。

どで『ひとりでしっかり歩りる』『言葉が話せる』などの条件がそろえばＯＫ、というのを見て、あ、もうできるかなと思ったんです」。それが2歳少し前くらいのこと。「それから何度か挑戦したんですが、トイレに行きたい間隔がすごく短くて…」そんなときに、ちょうど妹の葵ちゃんが生まれました。

下の子が生まれ一時中断

「何時間かおきにトイレに連れていくといいと聞いても、授乳のタイミングなどでそれができなかったんです。美咲が教えてくれるのですが、『出たよ』はあったけど『出るよ』はまったくなかったですね。『出たよ』と言ったときには、『ホントはトイレに行くんだよ』と何回も言い聞かせたのですが、なかなか出る前には教えてくれなかったです」。結局、その夏から秋にかけて、トレーニングは一時中断。

「下の子にいっぱいいっぱいでしたが、遥哉が3歳のときに時期を見てスパッととれたので、美咲もそれまでにとれればいいかな、と、そんなに切羽詰まってはいませんでした」。経験があるというのは強いものです。お母さんの読みどおり、美咲ちゃんは2歳10ヵ月の今、夜はおむつをはいていますが、昼は布パンツになりました。

穏やかな感じのお母さんは「トイレへ行こう」と誘ったことはあまりなかったそう。でも、「やりはじめてだんだんできるようになってくるとつい、できないとしかってしまったり、おもらしをしたときに、『なんでできないの』と怒ってしまったりしました」。また、怒られたときの反応もきょうだいそれぞれ。「遥哉はシュンとした感じになりますが、美咲は言い訳というか、『ママが言ってくれなかったからだよ』とか、論理的に言われちゃうんです（笑）。接し方が難しいですね」。きょうだいそれぞれが違うからこそ、できることがどんどんふえていくのかもしれません。

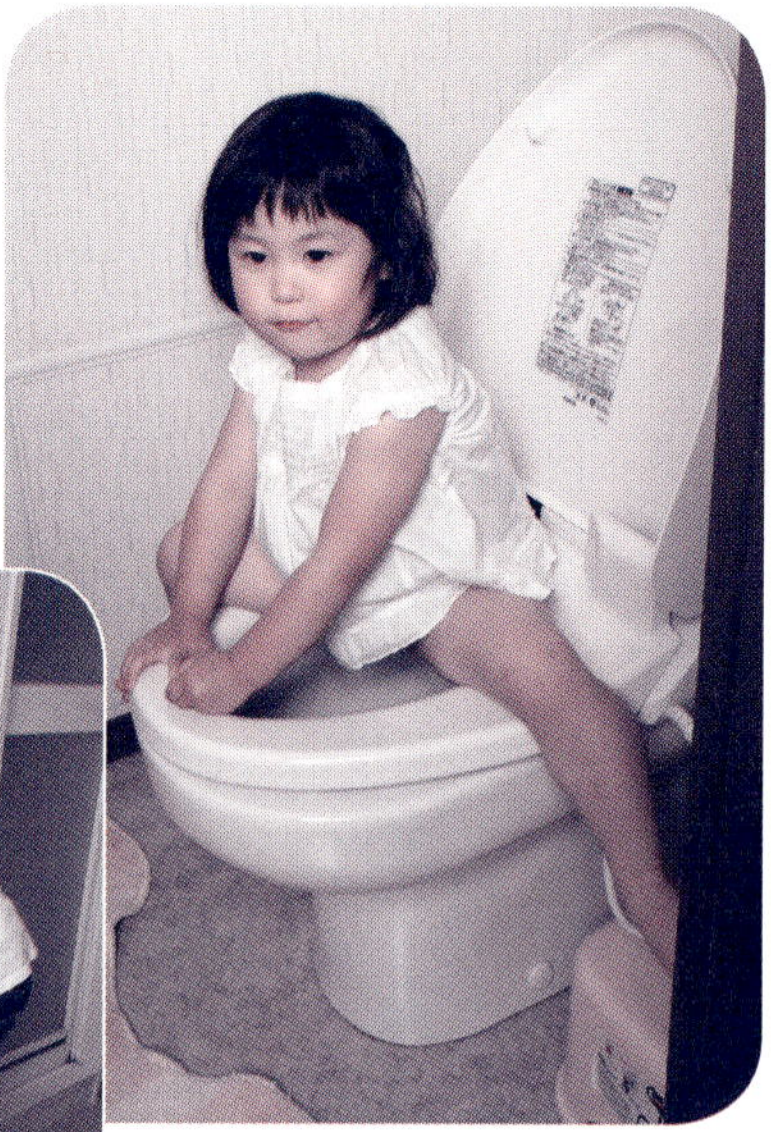

補助便座も使わず、よじのぼる美咲ちゃん。

お兄ちゃんといっしょに、手も洗えるよ！

すべてにつながるおむつはずれ

「なるべく私が楽をしたいというのもあるのですが（笑）、『ママやって！』というのではなく、自分でやれることはやらせています」とお母さん。野菜を切ったり洗濯ものを干したり、やりたがることはすべてやらせるように心がけているそう。また、服のボタンをとめたり靴を履いたり、ごはんを食べたりすることや、下の子のお世話なども、積極的に自分からできるようになってほしいと願っています。「すべて親がやってしまうと甘えが出ると思うんです。だから、おむつはずれだけが特別なのではなくて、全部つながっている感じですね。いろんなことができるようになってきたら、トイレも同じようにできるかなと思うんです」。

それも口うるさく言わずに、たとえば洗面所に踏み台を置くとか、トイレの電気のスイッチに手が届くように小さな椅子を置いておくとか、牧野家には、子どもがやりやすくなる、さりげない工夫が光っていました。

今がいちばん楽しい！

3人の子育てはとても楽で、産むごとに楽になってきたとお母さんは言います。「3人で遊んでいてくれるので、家事のほかにやることがないんです。私のこれまでの人生のなかで、今がいちばん楽しいです(笑)。青春時代よりも、子育てが合っているような気がします」

また、ほとんど「だめ」と言うことがないそう。「9割くらいは『いい』にしておいて、ほかのお母さんが『だめ』ということでも、ギリギリまでは許します。あぶないことでも遊びでも、途中で止めるよりはやらせてみます」もちろん、女の子だからダメとかいいとかいうこともありません。「包丁なども、大きなケガにならない程度のところで止めるんです。ケガをするとだいたいわかるし、やらせると上手になるかなと思って。ここまでやってケガをしたから今度は気をつけよう、と自分で気づいてほしいんです」

好きなお菓子作りを子どもといっしょに楽しんでいるというお母さん。3人それぞれ、今がいちばんかわいい時期だといいます。おむつはずれだけでなく、広い視野での子どもの成長を、楽しみながら見守っているようです。

美咲ちゃんのおむつはずれストーリー

2歳7ヵ月（春）

実はこの前にも何度かチャレンジしたが…失敗。

おしっこの間隔が短かった!

日中はトレーニングパンツか布パンツに。

下の子がいるため、時間を決めてトイレに連れていくことができずもらしてしまうこともしばしば…。

↓

2歳8ヵ月（春）

まもなく、うんちはもらさずトイレでできるように!

朝起きたらすぐトイレへ。

↓

近くのスーパーから遠くの場所へ、だんだんと外出先でももらさずにトイレでできるように。

遊びに夢中になっておもらしすることもあったけど…。

↓

2歳10ヵ月

昼間は布パンツ! 夜だけおむつに。

自分で「おしっこ(うんち)に行ってくる」と言う。

出ると「ママ出たよ、ふいてー!」。

ここが聞きたい！「おむつはずれ」Q&A

Q1 何から始めたらいいの？

A スタートする目安は、「上手に歩けること」「言葉が出ること」「おしっこの間隔が1～2時間あくこと」です。

まずは歩くことができて、単語レベルでも2語文レベルでも、ともかく言葉が使えることが大事。「チーは?」とお母さんが呼びかけても、「チー」という言葉が言えない状態だと、言語的な誘い方はできません。もうひとつ大切なのは、おしっこの間隔が少なくとも1時間以上あくこと。ためる力がないと、尿意を感じることはできません。たとえば、30分ごとにちょこちょこおしっこしているときには、ためる量が少なすぎて、尿意をつかむことが難しいんですね。ためる力がつくという意味で、おしっこの間隔が1～2時間あくことは非常に大事なことです。

Q2 誘うタイミングはどう見極めるの？

A 生活の節目でおしっこに誘ってみましょう。

おむつにおしっこをしたばかりのときに、おまるやトイレに誘っても出ませんよね。ですからたとえば、お昼寝するときにおむつがぬれていなかったらその前に誘導するとか、これからお散歩というときにおむつがぬれていなかったら「じゃあその前にチーしてみよう」と言うなど、おしっこの間隔があいたときをねらって誘導するのがコツです。

おまるやトイレでおしっこができるのは、まずは偶然です。この偶然が何回か重なり、子どもは流れがわかってくるのです。だから、時間を決めて誘っても意味はありません。

生活の節目で誘うことが大切なもうひとつの理由は、遊びに熱中しているときに、そろそろ時間だからと遊びを中断させて無理に誘うと、子どもはトイレへの誘導を「チーない」といやがるようになってしまうこと。お散歩やおやつ、お風呂など、次に楽しいことが待っている節目に誘われると、喜んでトイレやおまるに座ってくれますよ。

Q3 男の子、女の子それぞれのコツがあるの？

A 性差は特にありません。あまり気にしないで。

男の子と女の子でどちらが早く自立するかは、一概にはいえませんが、平均的に考えれば、言葉でも排便の自立でも、あらゆる面で女の子のほうが早いことが多いようです。

もちろん、女の子でも遅い子もいます。おむつはずれの進めかたについても、男女で異なった方法があるわけではありません。性差は特に気にしなくていいでしょう。

Q4 「おむつはずれ」の目的って？

A 「チー出る」「チー見る」「チー聞く」という、3つのおしっこ感覚をはぐくむこと。

初めてトイレやおまるでおしっこをしたとき、子どもは、放尿感をびっくり感覚として体験します。おまるにたまったおしっこを見たりさわったりして「おしっこは水だ」ということに気づきます。そのときに「チー出たね!」というお母さんの声かけによって、さっきのバチャバチャは自分のからだから出たチーだ、ということを子どもが耳でも確認できるのです。

「チー出る」「チー見る」「チー聞く」とは、おむつでは体験できない「おしっこ感覚」。おまるやトイレへの誘導の意味は、「おしっこ感覚」をはぐくむところにあります。本当の意味で、おしっこを理解できるようになるためのステップなのです。

Q5 やってはいけないことはある？

A しかること。なぜかというと…。

排泄とは、消化吸収のプロセスを経て、最後に残った老廃物であるおしっこやうんちが体内にたまっている不快な状態から、快適な状態にしようとすることです。

「おむつはずれ」でやってはいけないことは、しかること。「また失敗して!」とか、「さっき行かなかったからでしょ!」などとしかったら、元来は不快な状態から快適な状態になるはずの排泄が、不快な状態からしかられて大変不快な状態になってしまいます。

ついイライラしてしかりたくなるのはわかりますが、そんなときは、「この子には、おむつをはずすことだけでも衝撃的なこと」と思ってください。おむつをはずしたらおなかはスースーするし、そのうえお母さんにしかられるのなら、子どもにとっては不快以外の何物でもありません。

おむつはずれは、生理的に不快な状態から快適な状態にしていくために、それを助け、快適な感覚を育てていくもの。しかることで、排泄の自立を逆行させないように気をつけましょう。

Q6 ホントのところ、いつから始めるのがいいの？

A 大まかには2歳～2歳半。機が熟してからスタートすると短期決戦に！

「歩くこと」「言葉が出ること」「おしっこの間隔があくこと」を目安と考えると、大まかには2歳～2歳半というところですが、それぞれの子どもによって個人差は大きいのです。

たとえば、10ヵ月くらいでしゃべりだし、まもなく歩きだした子が、1歳半になっておしっこの間隔が1時間半あくようになったとしたら、1歳半からおむつはずれをスタートしても大丈夫だと思います。

逆に、おしっこの間隔があくのが２歳半とか、たまたま言葉が遅かった場合には、そこからスタートということもあるでしょう。

早ければいいというわけではなく、3つの目安を見極め、タイミングをみてスタートするほうが、短期決戦になることが多いようです。これは、機が熟しているところで、お母さんもしからずに気持ちよく進めることができたということでしょう。また、早めに始めても「ちょっと早かったかな？」と思ったら、さっと引くことも重要。泥沼にはまらずにすみます。

Q7 布パンツにかえるタイミングは？

A 7～8割成功したら、布パンツでもOK。重要なのは、お母さんの「堪忍袋」。

一般的には、おまるやトイレでのおしっこが7～8割成功したら、布パンツにしてもいいといわれています。実はここで重要なのは、お母さんの「堪忍袋」なんです。

「堪忍袋」が小さくて、すぐカリカリしてしまうお母さんは、誘導成功率が8割くらいになってからでないと、子どもは失敗するたびにしかられ、立つ瀬がありません。

ちょっとのことではしからない「堪忍袋」の大きいお母さんなら、成功率が半分、あるいは3割ほどの段階で布パンツにしても大丈夫。

おむつをしているときは、一瞬動作が止まって変な格好をしているなど、よほどサインがはっきりしていないと、お母さんはおしっこしたことに気づきにくいのですが、布パンツなら、足を伝わって床に流れますから、おしっこをしたことがお母さんにもすぐにわかりますね。自立が早くなるのは、おおらかなお母さんのほう。快か不快かは、元をただせば、しかるかしからないか。お母さんしだいということですね。

Q8 紙おむつより布おむつのほうが早くおむつがはずれるってホント?

A 研究の結果、相違はありませんでした。

紙おむつ、布おむつをそれぞれ使った一卵性双生児を対象とした研究では、結果として、排泄の自立にいたるところでは、布と紙の相違はありませんでした。一卵性双生児ですから、遺伝子的にはまったく同じ子どもたちです。ただ「おむつはずれ」の途中で、おむつにおしっこをしたあとに教える「告知」という点では、布おむつを使用していた子のほうが早かったですね。しかし、「告知」が早い子が、自立が早いというわけではないのです。

これまでは、おしっこをしたあとに「告知」し、その次の段階で「予告」するようになるという順序で考えられていました。ただ、「告知」は布のほうが、皮膚感覚(ぬれた不快感)として「チー出た!」と教えるのが早いけれど、実際のゴール到達点である「予告」してのおしっこが早くできるようになるわけではないのです。

このようなことから、紙・布といったおむつ素材については、おむつはずれとは直接関係ないという結論となりました。

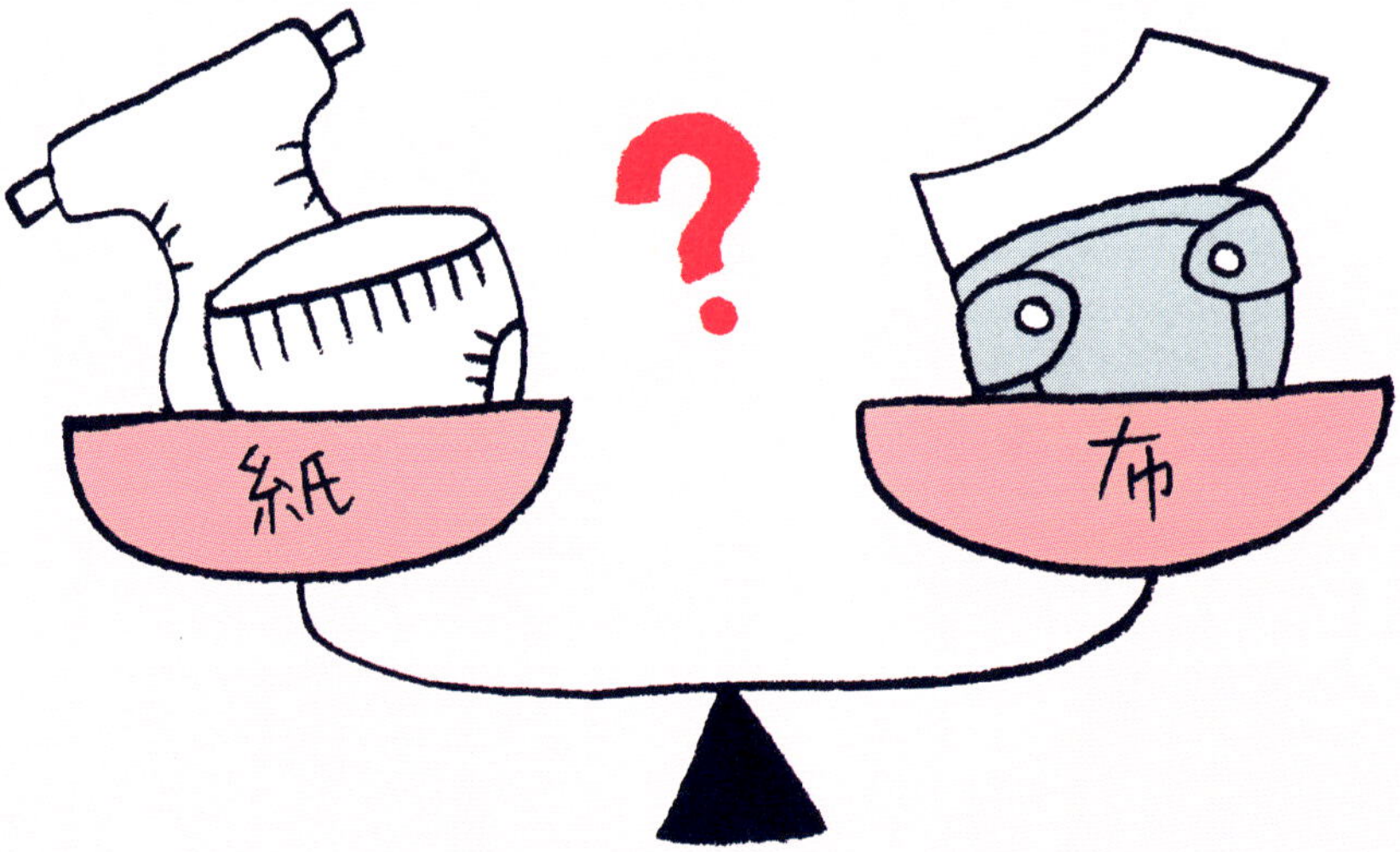

Q9 トイレに行っても遊んでばかり…。どうしたらいい？

A 居ごこちがよすぎて、トイレが遊び場になっているかもしれません。

トイレに音の出るおもちゃを置いたり、ポスターや人形を並べたりして、子どもになじみやすい環境にすることは大切なことです。しかし、興味が遊ぶほうへばかり集中してしまうと、肝心のおしっこやうんちの感覚が薄れてしまいます。遊びすぎてしまうようなら、トイレのレイアウトを少し控えめにしてみましょう。トイレが書斎がわりというお父さんは別として、子どもにはトイレは「排泄の場所」として認識させるようにしたいですね。

Q10 よくしゃべるのに、おしっこをしたあとにしか教えない。

A からだの機能が整ってきた証。気持ちよくおむつをかえてあげて。

おしっこをしたあとに教える（告知）ということは、おしっこでぬれた感覚や、からだがブルルルッとなるような放尿感がわかるようになったということです。「したあとでなく、する前に教えてくれれば…」と思ってしまう気持ちもわかりますが、実は告知ができたからといって、予告につながるとは必ずしもいえないという研究結果も出ています。いろいろなからだの機能が整ってきていることの確かな証拠でもあるので、教えてくれたときには「どうして先に教えてくれなかったの？」などと言いたくなるのをおさえて、「よく教えてくれたね！」と、気持ちよくおむつをかえてあげてください。

Q11 おしっこでぬれているのに「チーない」と言いはります。

A お母さんへの意思表示かもしれません。しばらく休んで思いっきり遊んであげて。

よくあるのは、おむつがぬれていることにお母さんが否定的な態度をとっている場合です。ぬれていることを知られて怒られたくない、と子どもが思うんですね。「チーない」は、子どもが必死に抵抗しているサイン。そんなときはトレーニングをしばらく休み、思いっきりふざけていっしょに遊んであげてください。

また、おむつをひんぱんにチェックするお母さんの場合なら、遊びが中断されるのをいやがって「チーない」と言っているとも考えられます。どちらにしても親子関係の大切な時期、できるだけ楽しく過ごせるように心がけたいですね。

Q12 夜中でも起こして、トイレに誘ったほうがいい?

A 睡眠のリズムを乱すので、起こさないようにしましょう。

おねしょをしなくなるのは、睡眠中に抗利尿ホルモンがたくさん出て、ひと晩の尿量が減って、朝までおしっこを出さずにためておけるようになるからです。この抗利尿ホルモンは、睡眠のリズムが安定しているとしっかり出るので、夜中に起こすと分泌が悪くなってひと晩の尿量がふえてしまいます。また、起こして排尿させると、膀胱におしっこをためない習慣がついて、睡眠中の膀胱の機能も不安定になってしまいます。その結果、おねしょが長引くことになるのです。今はまだ、お子さんはぐっすり眠って、夜尿にかかわるからだの発達を待つ時期ですから、夜中には起こさないようにしましょう。

Q13 スタートは冬より夏がいいってホント？

A あまり気にすることはないでしょう。

冬に始めていけないことはありませんが、冬のやりにくさは、衣類が多く脱ぎ着がしにくいこと。せっかく「チーいく」と予告してくれたのに、衣類を脱がせるのに手間どり、結局まにあわない、ということも多いのですね。

それと、布パンツになるとスースーして、冬はやはり寒くなります。冷えると膀胱が敏感になって、おしっこの間隔が短くなるため、タイミングがとりにくいということもあります。

あとは、おまるや補助便座がひやっとすること。だいたいおまるや補助便座はトイレの近くに置いていることが多いので、冷えていますよね。冷たさにびっくりして、尿意がどこかに消えてしまうことも。

冬にはこういうやりにくさはあるけれど、からだの機能は、冬でもちゃんと少しずつ整っていくわけですから、タイミングが合っていれば冬からスタートでも大丈夫です。ただし、うまくいかなくなったときには、サッと中断すること。そうすれば季節は特にかまいません。

Q14 おまると補助便座、どっちがいいの？

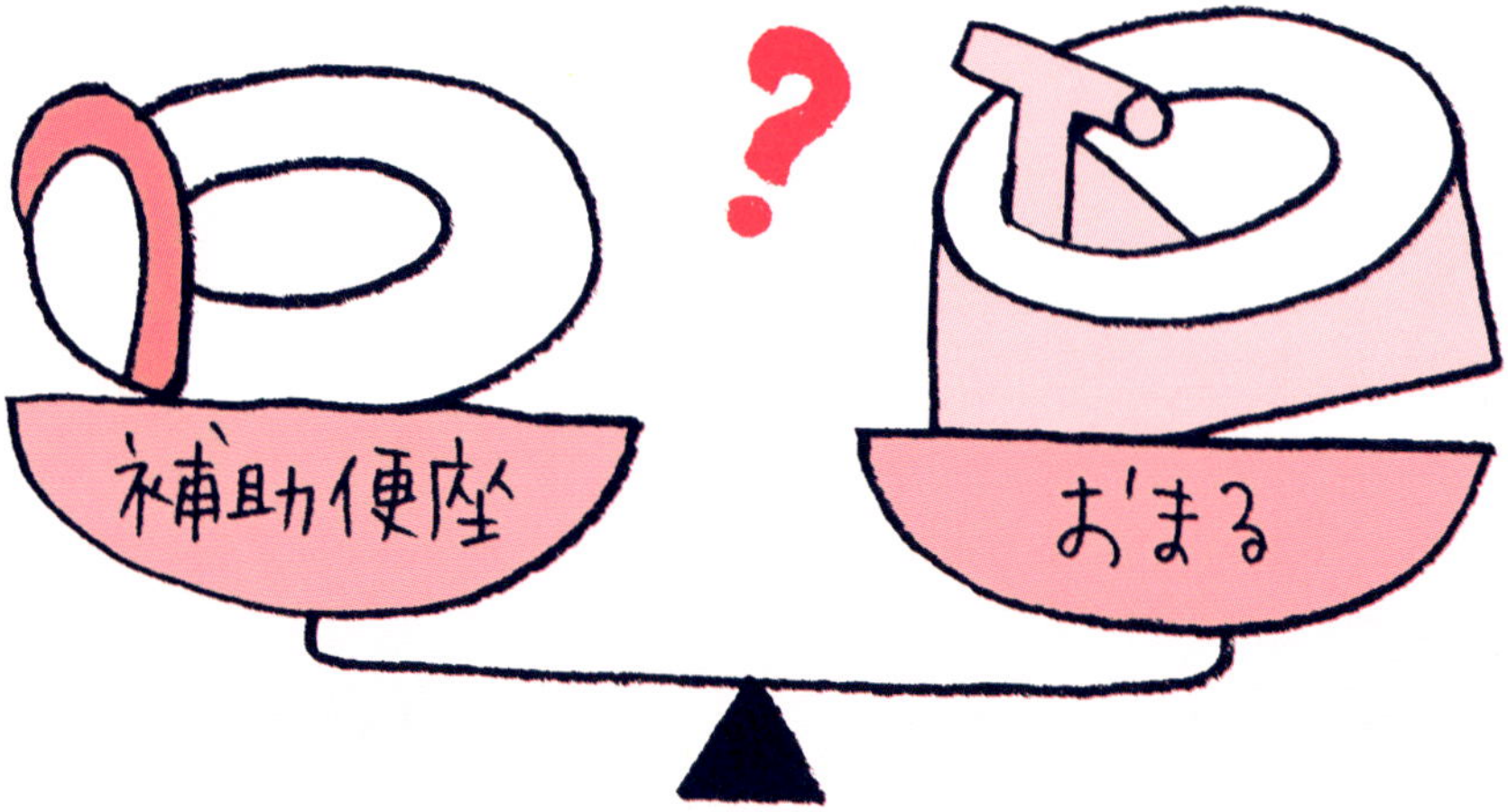

A どちらでもOK。それぞれの長所と短所を見極めましょう。

おむつはずれを進めるにあたって、おまるか補助便座かは悩ましいところですね。おまるのメリットは、暖かいリビングに置けるため、冬でもひやっとすることが少ないことでしょう。

一方、補助便座のよさは、いちいち洗う必要がないことと、姿勢がしっかりすること。足がぶらぶらしていると姿勢が不安定になるので、できれば足つきの補助便座がいいですね。

今のお母さんは、補助便座派が多いようですね。おまるはそのたびに洗わなければならないので、負担が大きいのかもしれません。

補助便座はできれば足つきのものを。うんちの段階になると、足がついていないと姿勢が安定せず、いきみにくくて、それでトイレをいやがるという子もいます。その場合は、自立はしているものの場所みしりというか、姿勢の不安定さからトイレがいやだ、ということなのですね。

このようなそれぞれの長短はありますが、おまるか補助便座かは、どちらでもOK。それぞれ好きなほうを選べばいいと思います。

Q15 夜はまだおむつ。子どもは傷つくことはないの？

A 子どもにおむつにしてもいいか確認してみて。

昼間はパンツで過ごせるようになると、もう夜のおむつはいやがるかもしれませんね。でも、お母さんにとってはおねしょのあと始末は大変。そこで、子どものプライドを傷つけないように、「お洗濯が大変だから、夜だけおむつをはいてくれるとうれしいな。ママを助けてくれる?」と聞いて、協力を求めてみましょう。きっとお子さんは「うん」と言ってくれますよ。でも、おむつをはいていることをお友達などに知られるのをいやがる子もいるので、友達や本人のいるところでの、おむつの話題は避けてくださいね。

Q16 幼児期のおねしょ対策を教えてください。

A 水分の飲み方を工夫し、秋から冬はからだを温めて寝かせましょう。

幼児期のおねしょ対策としては、まず夜間の尿量を減らすために、夕方からの水分摂取を少なくします。逆に、朝から日中の水分は多めにとって、1日に必要な水分はとるようにしましょう。水分にはくだものも含まれるので、くだものは朝やおやつに食べるようにしましょう。

もうひとつ大切なのは、冷えると膀胱機能が不安定となって、少しの尿量でもおしっこをしてしまうこと。なるべく、寝る前にお風呂に入れて、からだを温めて寝かせましょう。あんかや湯たんぽを寝る前にセットして、ふとんを少し温めておくとよいでしょう。

Q17 うんちが出ている最中にトイレへ。ダメですか？

A うんちのサインをキャッチしたら誘ってみましょう。

いきんでいる最中で、トイレにまにあうようなら、そっとトイレに連れていってもかまいません。子どもを驚かさないように、そっと、手早く、やさしく連れていき、おむつを脱がせて座らせるのがポイント。びっくりさせてしまうと、子どもはいきむのをやめてしまい、肝心のうんちが出なくなるからです。また、「物音がしないと思ったら、部屋の隅でいきんでいる」などのその子なりのサインを感じ取って、子どもの行動に気づいてあげるといいですね。

Q18 うんちはトイレではなく、おまるでしてしまいます。

A おまるを徐々にトイレに近づけていきましょう。

トイレをいやがるなら、おまるでもOKです。おまるのほうが床に足が着いていきみやすいのかもしれませんね。おまるでできるようになったら、スペースがあればトイレ内におまるを置くようにしましょう。トイレでの排便を強制せず、興味をもったら便座に座らせてあげましょう。いつか「ママ、トイレでしたよ」と言ってくれるときがきます。トイレでもできるようになったら、おまるにバイバイをしましょう。

Q19 うんちがいつもやわらかめです。まだ早い？

A おむつはずれを意識しすぎず、ゆっくり進めるつもりで。

うんちがやわらかめだと、うんちが出そうという子どものサインをママがキャッチしにくくなります。うんちがやわらかすぎるために、ほんの少しおなかに力が入っただけで、出てしまいやすいからなのです。たとえば、おならをするだけでうんちももれてしまう場合もあります。うんちがやわらかいときのこのような特徴を理解して、おむつはずれをあまり意識せず、ゆっくり進めるというつもりでいましょう。いきみのようすをキャッチできたら、そっとトイレに誘ってみてください。

Q20 便秘ぎみ。うまく進めるには？

A 食物繊維を多めにとって、便秘対策を。

便秘ぎみの子は、かたいうんちが出るときに出血して痛かったり、それをいやがってガマンして悪化させたり、心配の種が多いですね。その場合は、繊維質の多いひじきや昆布などの海藻類、便をやわらかくする寒天素材のもの（寒天ゼリーやところてん、寒天パウダー入りみそ汁など）、発酵して腸の働きを活発にする干しプルーンやくだものなどを多めにとります。水分も多めに。かたい便が普通の便に変わると排便がスムーズになり、自立も容易になります。

付録

みんなどうした？ どうしてる？

おむつはずれ最新事情

みんな悩んで今がある！

先輩ママ276人に聞いた「うちの子のおむつはずれ」

おむつはずれはひとりひとり、その子のペースで進むもの。とはいえ、「いつから始めたらいいの？」「何を用意したらいいの？」と、これからのスタートに不安がいっぱいのママも少なくありません。

そんなママたちへ、ひと足先におむつを卒業した先輩ママから届いた最新データをご紹介！

276人それぞれのおむつはずれ、どうぞご参考に。

●おむつはずれをスタートした時期（サンプル数276）

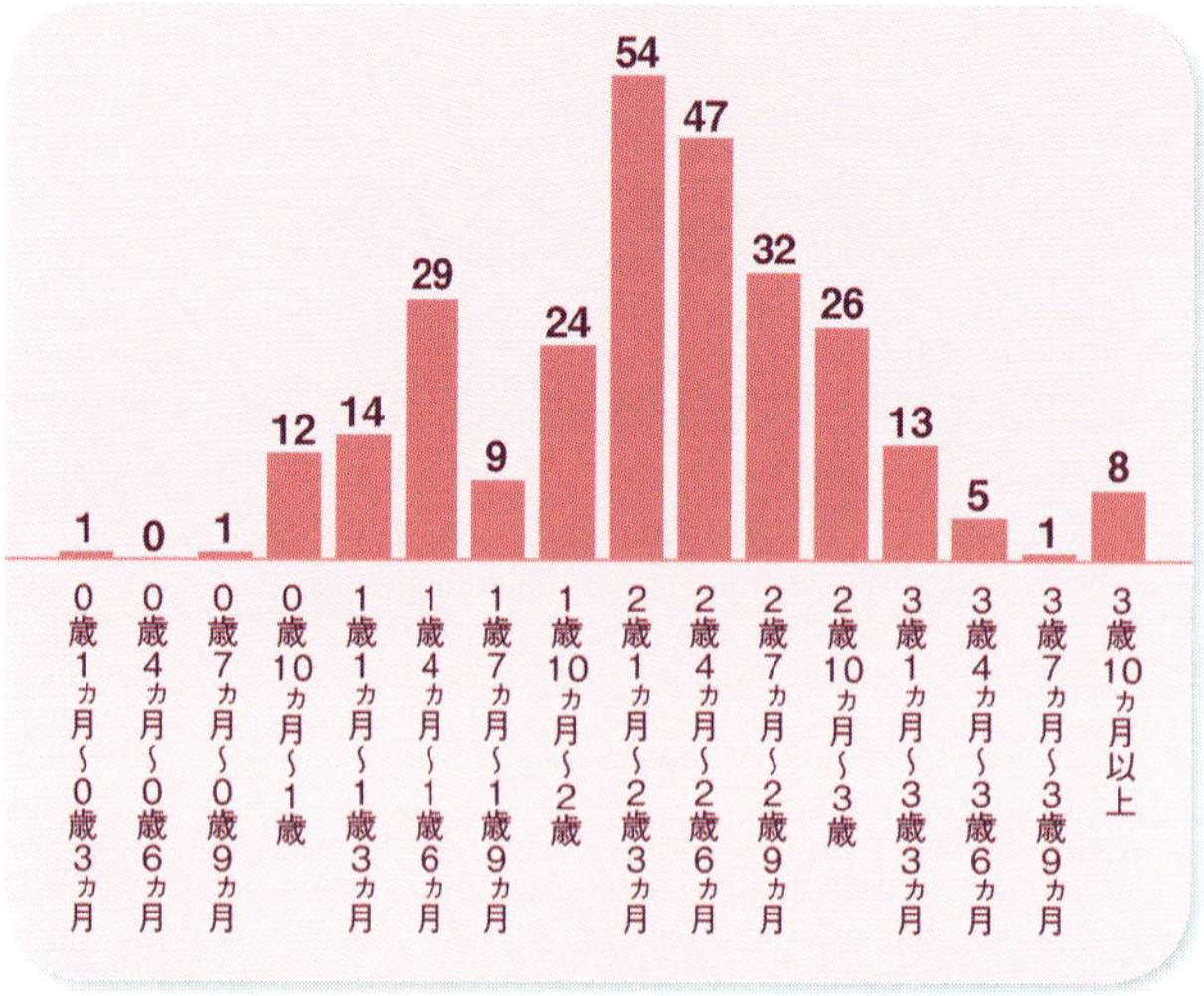

●おむつはずれを終了した時期（サンプル数276）

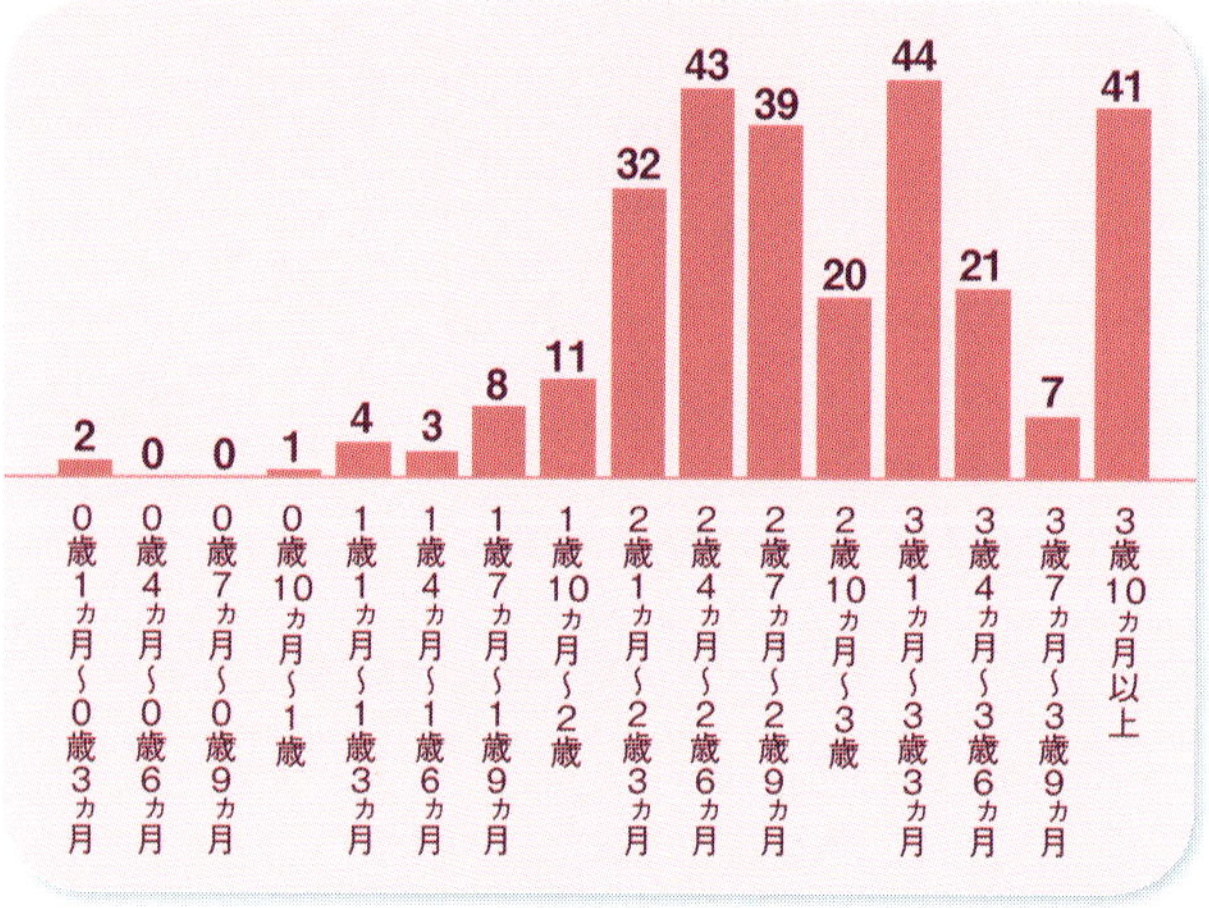

まずは、おむつはずれをスタートした時期と終了した時期についてみてみましょう。スタートした時期として最も多いのが、2歳になったばかりの2歳1ヵ月〜2歳3ヵ月の時期。それから、2歳4ヵ月〜2歳6ヵ月、2歳7ヵ月〜2歳9ヵ月と続きます。

一方、終了した時期をみると、最多は3歳1ヵ月〜3歳3ヵ月。それから2歳4ヵ月〜2歳6ヵ月、3歳10ヵ月以上と続いています。

ママたちには「2歳」がひとつの目安になっているようです。

2008年5月 赤ちゃんとママ社調べ

●おむつはずれにかかった期間とスタート時期との関係（サンプル数251）

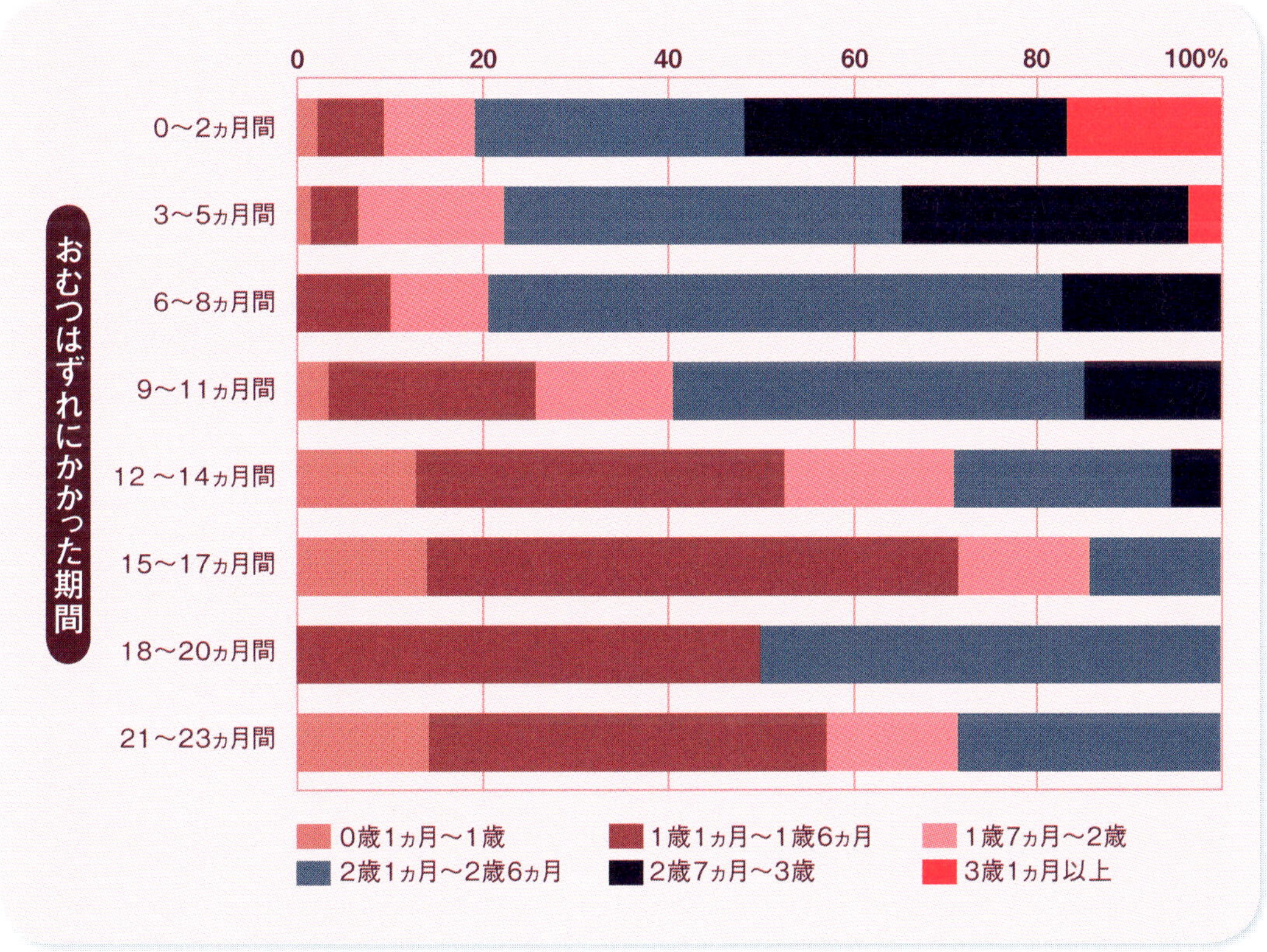

右ページの結果をふまえ、もう少し細かく、おむつはずれにかかった期間をみてみましょう。上は、おむつはずれにかかった期間と、おむつはずれ開始時期との関係をグラフにしたものです。

まだ2歳に満たない、月齢が小さいころから始めた子がおむつはずれを終了させるために、1年〜2年ほどかかったことがわかります。

反対に、2歳以上になってからおむつはずれを始めた子は、8割前後が0〜8ヵ月間で終了していますね。

つまり、「早く始めたからといって、早く終わるというわけではない」ということが、はっきりと表れているのです。

あまり長い闘いになると、親も子も疲れはててしまいます。なるべく短い期間で、親子関係をこじらせることなくパッとおむつをとることができるよう、お子さんのタイミングをしっかり見極めましょう。

●スタートしたきっかけは？（サンプル数276）

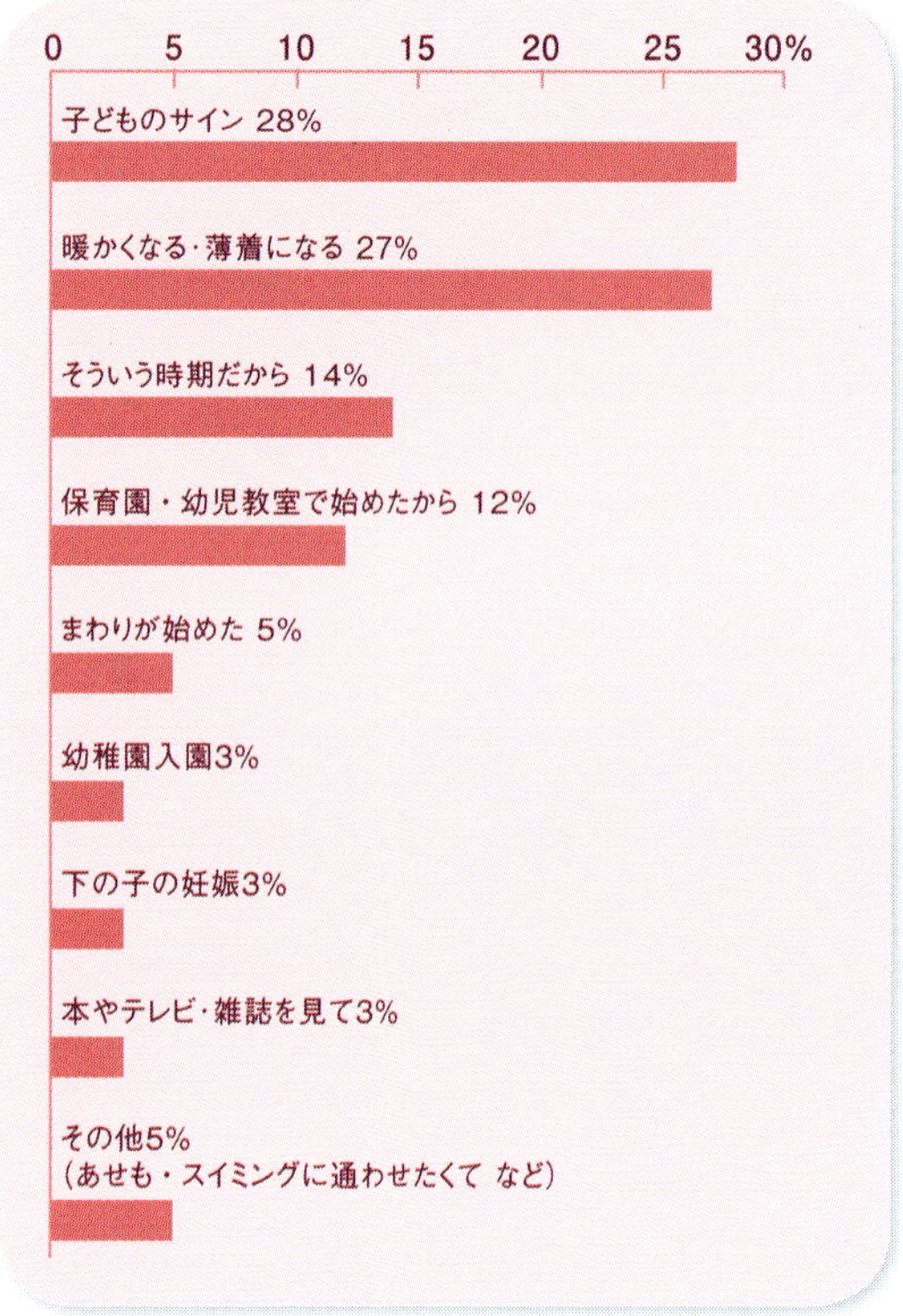

●スタートした季節は？
（サンプル数276）

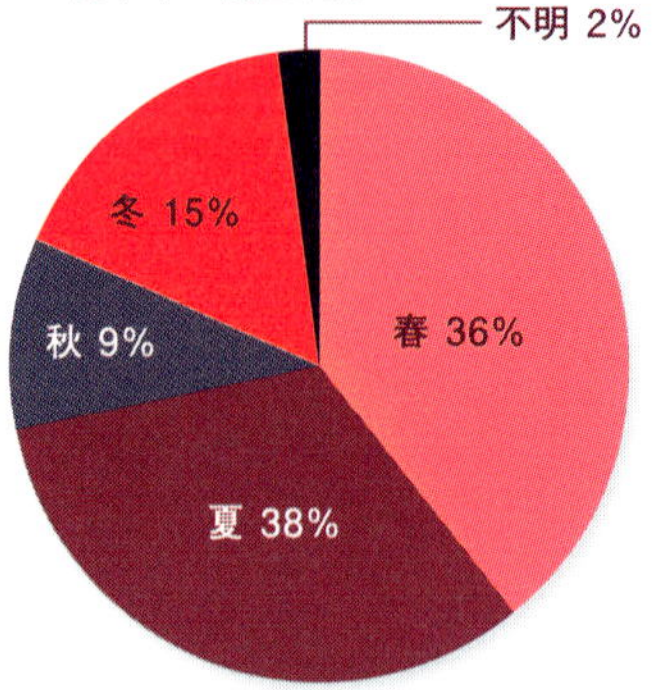

●使用したおむつの種類は？
（サンプル数276）

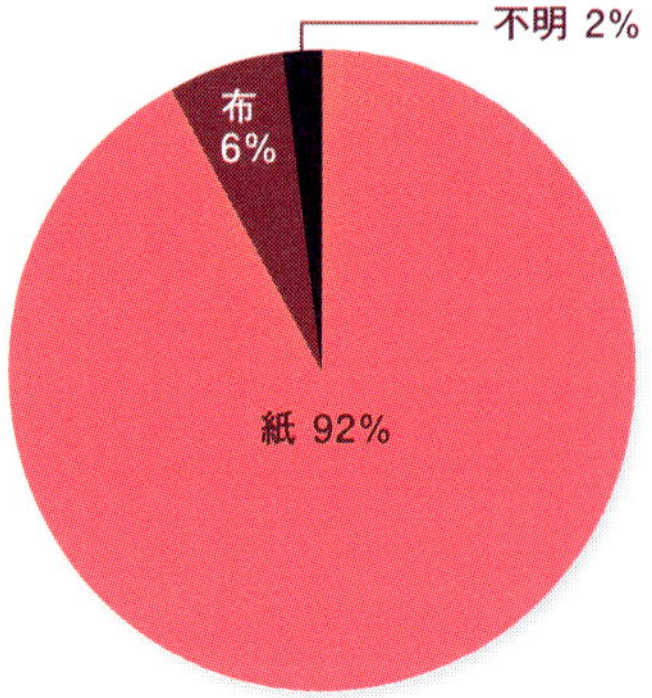

ママたちの声より

●はじめは午前中2～3時間から始め、汚さなくなったら時間を延ばしていきました。汚すのはあたりまえと思って、徹底してパンツをはかせました。おしっこの間隔が長くなってきたころがトレーニング開始の目安。失敗してもけっしてしからない！

●こちらのやる気だけではどうにもなりません。気長に少しずつやれば、いずれできるようになります。

●無理にさせてもプレッシャーがかかりストレスになりダメなので、本人のやる気が出はじめてからするとわりとスムーズにとれると思う。

●強制的には絶対しない！

●夏はパンツをはかさずにいたらすぐとれたという話を聞いて試してみたが、なかなかうまくいかず何回ももらしてしまった。

●用意したものは？(複数回答)

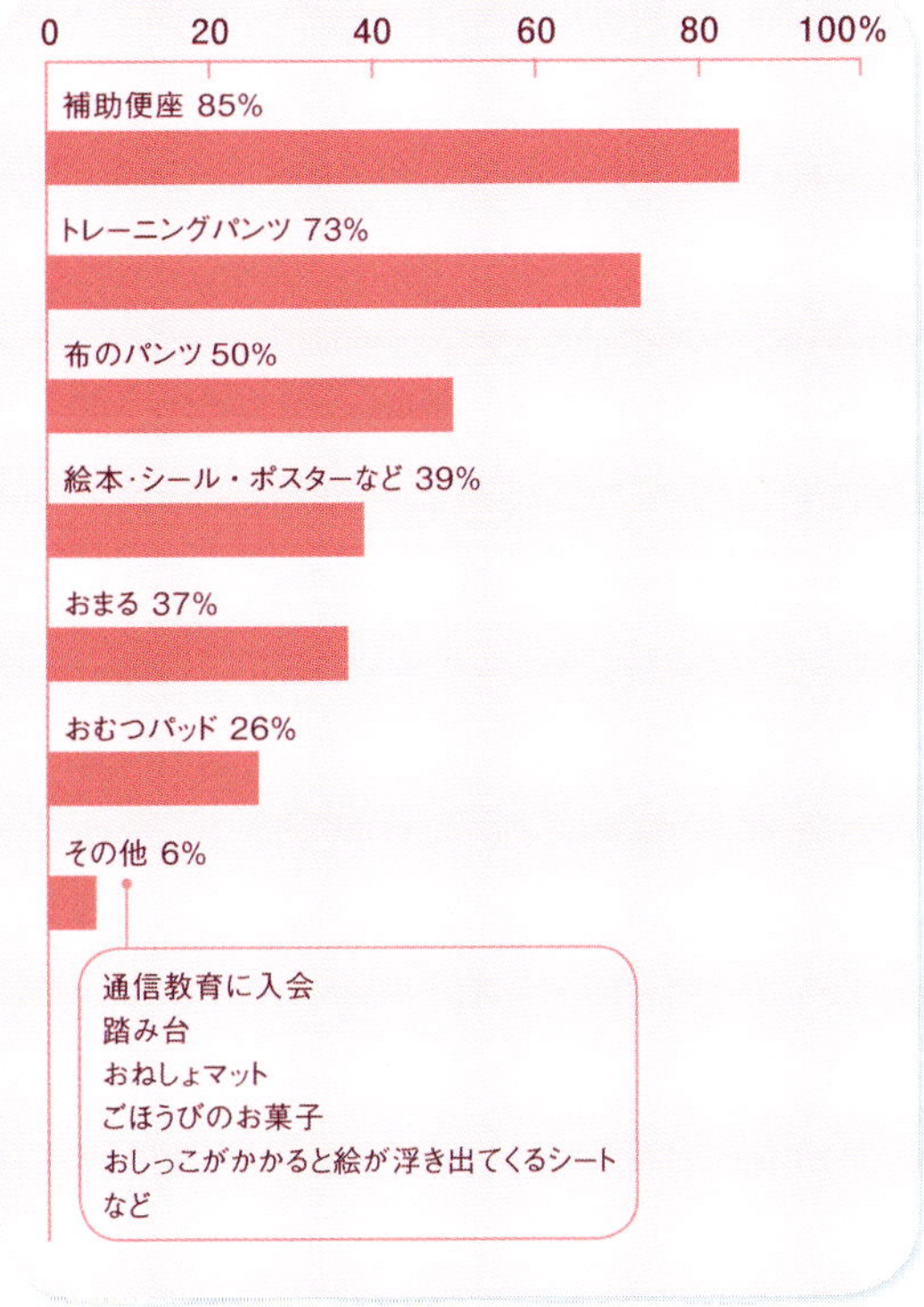

●参考にしたものは？(サンプル数276)

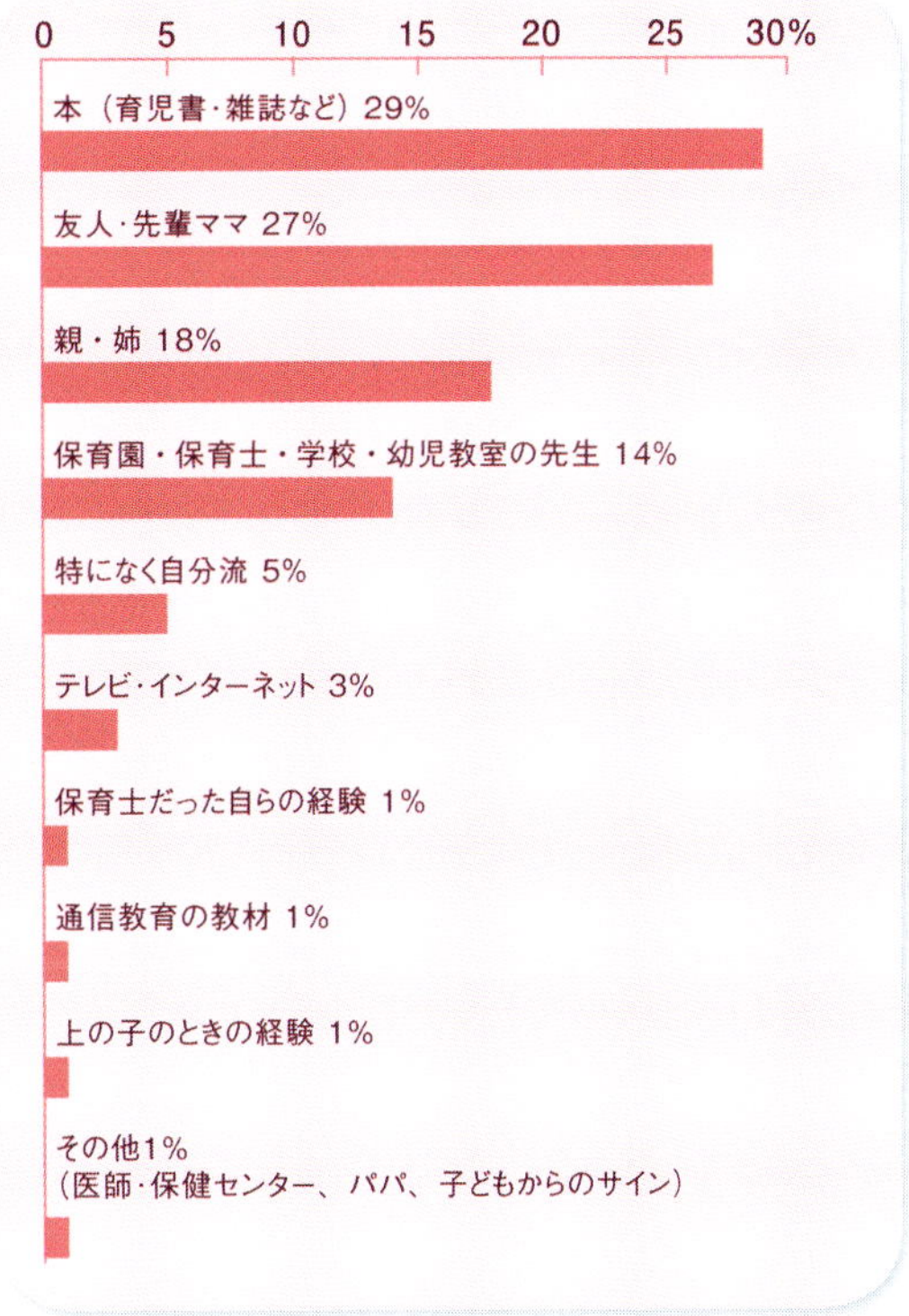

●しかってはいけないとわかっていてもしかってしまう自分がいました。ほめるとすごくうれしそうに成功ばかりだったんですが、失敗するとまた逆戻り。あまり考えずおおらかな気持ちでいるように子どものようすをうかがったりしてました。はずれてすぐに下の子が生まれたらまたできなくなり、やっと今になってできるように。

●あまり早く始めすぎても期間が長くなり、親も大変。まわりの意見にとらわれず、年齢もあまり気にしないで、その子の時期がきたらチャレンジしたほうがよかったかも。何回も失敗したら、親は子どもをついしかったりイライラしてしまうし、怒られる子どももかわいそうです。

●子どものサインを見逃さない。習慣にする。無理じいしない。できたら思いきりほめる。そして気長に待つ…。

帆足英一(ほあし・えいいち)

1941年東京生まれ。
東京慈恵会医科大学医学部卒業。医学博士。東京都立母子保健院院長を経て、現在ほあし子どものこころクリニック院長。排尿機構の研究では第一人者。子どもやお母さんの立場に立った治療で「おしっこ博士」「おねしょ博士」として親しまれている。著書に『「ママ、おしっこ」といえるまで』『アン2歳、おむつはずし大作戦』(ともに婦人生活社)、『わが子に愛されている実感を伝える子育て』(新紀元社)などがある。

じっくり見極めパッととる
やさしいおむつはずれ

発行	2009年4月16日第1版第1刷発行 2012年9月15日第1版第5刷発行
著者	帆足英一
発行人	小山朝史
発行所	株式会社 赤ちゃんとママ社 〒160-0003 東京都新宿区本塩町23番地 第2田中ビル
電話	03-5367-6592(販売) 03-5367-6595(編集)
URL	http://www.akamama.co.jp
振替	00160-8-43882
印刷・製本	共同印刷株式会社

デザイン	浅田 潤
イラスト	たはらともみ
布小物製作	岩野絵美子
撮影	綾部年次(取材) 小野寺宏友(扉)
校正	河野久美子
編集	西 由香

ISBN978-4-87014-050-9